Uni-Taschenbücher 1639

Eine Arbeitsgemeinschaft der Verlage

Wilhelm Fink Verlag München
Gustav Fischer Verlag Jena und Stuttgart
Francke Verlag Tübingen
Paul Haupt Verlag Bern und Stuttgart
Hüthig Verlagsgemeinschaft
Decker & Müller GmbH Heidelberg
Leske Verlag + Budrich GmbH Opladen
J. C. B. Mohr (Paul Siebeck) Tübingen
Quelle & Meyer Heidelberg · Wiesbaden
Ernst Reinhardt Verlag München und Basel
F. K. Schattauer Verlag Stuttgart · New York
Ferdinand Schöningh Verlag Paderborn · München · Wien · Zürich
Eugen Ulmer Verlag Stuttgart
Vandenhoeck & Ruprecht in Göttingen und Zürich

Horst Joachim Frank

Wie interpretiere ich ein Gedicht?

Eine methodische Anleitung

Francke Verlag Tübingen

Horst Joachim Frank, Jahrgang 1928, ist o. Professor und Direktor des Seminars für deutsche Sprache und Literatur und ihre Didaktik an der Pädagogischen Hochschule Flensburg.

Die Deutsche Bibliothek - CIP-Einheitsaufnahme

Frank, Horst Joachim:
Wie interpretiere ich ein Gedicht? : Eine methodische Anleitung / Horst Joachim Frank. – Tübingen : Francke, 1991
  (UTB für Wissenschaft : Uni-Taschenbücher ; 1639)
  ISBN 3–7720–1706–1

NE: UTB für Wissenschaft / Uni-Taschenbücher

© 1991 · A. Francke Verlag GmbH Tübingen
Dischingerweg 5 · D-7400 Tübingen 5
Das Werk einschließlich aller seiner Teile ist urheberrechtlich geschützt. Jede Verwertung außerhalb der engen Grenzen des Urheberrechtsgesetzes ist ohne Zustimmung des Verlages unzulässig und strafbar. Das gilt insbesondere für Vervielfältigungen, Übersetzungen, Mikroverfilmungen und die Einspeicherung und Verarbeitung in elektronischen Systemen.

Einbandgestaltung: Alfred Krugmann, Stuttgart
Druck und Bindung: Presse-Druck, Augsburg
Printed in Germany

ISBN 3–7720–1706–1

INHALT

EINLEITUNG 11

1. THEMATIK
   1.1 Worum geht es in diesem Gedicht? 13
   1.2 Wird eine Begebenheit erzählt? 13
   1.3 Werden Dinge oder Menschen abgebildet? 13
   1.4 Drückt ein Ich seine Gedanken und Empfindungen aus? 14
   1.5 Ergibt sich der Ausdruck durch eine bestimmte Situation oder einen äußeren Anlaß? 15
   1.6 Ist das Gedicht die Aussprache von Gedanken und Empfindungen aus innerer Veranlassung? 16
   1.7 Wird die Aussprache zur Ansprache? 17
   1.8 Wer wird in dem Gedicht angesprochen? 17
   1.9 In welcher Absicht erfolgt die Ansprache? 18
   1.10 Liegt ein Rollengedicht vor? 19

2. ENTSTEHUNG
   2.1 Von wem stammt das Gedicht? 20
   2.2 In welchem werkgeschichtlichen Zusammenhang steht das Gedicht? 20
   2.3 Ist das Gedicht jemandem gewidmet? 20
   2.4 Geht das Gedicht auf eine Quelle zurück? 21
   2.5 Wann und wo entstand das Gedicht? 21
   2.6 Liegt dem Gedicht ein Erlebnis zugrunde? 22
   2.7 Gibt es das Gedicht noch in anderen Fassungen? 23

3. METRIK
   3.1 Betonung 24
   3.2 Notieren Sie das metrische Schema aller Verse. 25
   3.3 Übereinstimmung von Wortakzent und Versakzent 25
   3.4 Beginnen die Verse betont oder unbetont? 26
   3.5 Wie viele Hebungen haben die Verse? 27
   3.6 Sind es kurze oder lange Verse? 28
   3.7 Wie sind die Verse metrisch gefüllt? 28
   3.8 Zeigen die Verse eine Teilung? 29
   3.9 Wie schließen die Verse? 29

3.10	Sind die Verse gereimt?	30
3.11	Jetzt können Sie die Versart(en) bestimmen.	31
3.12	Wo sind Abweichungen vom Metrum erkennbar?	32
3.13	Wie sind die Reime geordnet?	33
3.14	Ist das Gedicht in Strophen oder Abschnitte gegliedert?	36

4. WORTWAHL

4.1	Achten Sie auf den genauen Wortsinn.	38
4.2	Entdecken Sie in dem Gedicht Wörter, die nicht zum allgemeinen Wortschatz unserer Hoch- und Schriftsprache gehören?	38
4.3	Enthält das Gedicht Wörter aus Fach- und Sondersprachen?	39
4.4	Kommen regionalsprachliche oder mundartliche Ausdrücke vor?	39
4.5	Finden sich in dem Gedicht umgangs- oder vulgärsprachliche Wendungen?	40
4.6	Enthält das Gedicht auffällig gehobene Ausdrücke?	40
4.7	Achten Sie auf nicht mehr geläufige Wörter, Wortformen und Wortbedeutungen.	41
4.8	Kommen Ihnen Wendungen von anderen Texten her bekannt vor?	42
4.9	Stellen Sie alle Verben des Gedichts in einer Liste zusammen.	42
4.10	Welche Bedeutungsgruppen und Aktionsarten der Verben dominieren?	43
4.11	Stellen Sie alle Substantive des Gedichts in einer Liste zusammen.	44
4.12	Welche Abstrakta kommen darin vor?	44
4.13	Welche Wesen und Dinge bilden den konkreten Hauptbestand?	44
4.14	Treten Substantive gehäuft oder in Zusammensetzungen auf?	45
4.15	Dienen zahlreiche Substantive zur Bezeichnung von Tätigkeiten und Vorgängen?	45
4.16	Dienen zahlreiche Substantive zur Bezeichnung von Eigenschaften?	46
4.17	Verwendet der Dichter Diminutivformen?	46
4.18	Achten Sie auf den Gebrauch der Artikel.	46

4.19	Stellen Sie alle Adjektive in einer Liste zusammen.	47
4.20	Enthält das Gedicht viele Adjektive?	47
4.21	Welche Qualitätsbereiche dominieren?	47
4.22	Entdecken Sie schmückende Beiwörter?	48
4.23	Dienen die Adjektive einer neutralen Charakterisierung oder wertenden Beurteilung?	48
4.24	Werden Adjektive gesteigert?	49
4.25	Werden zahlreiche Partizipien attributiv verwendet?	49
4.26	Bleiben Adjektive bei Substantiven unflektiert?	50
4.27	Verknüpfen Adjektive ganz verschiedene Vorstellungsbereiche?	50
4.28	Enthält das Gedicht Interjektionen?	51

5. SATZBAU

5.1	Wo führt die Satzbewegung über das Ende einer Verszeile hinaus in die folgende hinein?	53
5.2	Enthält das Gedicht Ausrufe, Fragen, Wünsche und Aufforderungen?	55
5.3	Überwiegen einfache Sätze oder Satzgefüge?	56
5.4	Wo weicht der Satzbau von der üblichen Folge der Satzteile ab?	57
5.5	Bemerken Sie Brüche in der Konstruktion der Sätze?	61
5.6	Fehlen Satzteile, und sind Sätze unvollständig?	63
5.7	Finden sich Worthäufungen?	64
5.8	Entdecken Sie Wortwiederholungen?	66
5.9	Wird der Satzbau von Bedeutungsgegensätzen bestimmt?	69

6. KLANG

6.1	Wie klingt das Gedicht?	71
6.2	Sind die Reime voll und rein?	71
6.3	Sind die Reime neu oder abgenutzt?	74
6.4	Entdecken Sie Reime auch im Innern der Verse?	74
6.5	Hört man einen Gleichklang von Vokalen?	75
6.6	Zeigen einzelne Vokale durch ihren Klang besondere Bedeutungen an?	76
6.7	Treffen bei Wortübergängen Vokale aufeinander?	77
6.8	Stimmen benachbarte Wörter im Anlaut überein?	77

	6.9	Häufen sich konsonantische Wortübergänge?	78
	6.10	Enthält das Gedicht Klangmalereien?	78
7.	BILDLICHKEIT		
	7.1	Sprachliche Bilder	80
	7.2	Suchen Sie zunächst alle sprachlichen Bilder des Gedichts heraus.	80
	7.3	Ist das Gedicht arm oder reich an Bildern?	80
	7.4	Welcher Art sind die Bilder?	80
	7.5	Woher stammen die Bilder?	81
	7.6	In welchem Verhältnis stehen die Bilder zueinander?	81
	7.7	Wie verhalten sich die Bilder zu den Sachen?	82
	7.8	Bilder in modernen Gedichten	83
8.	PERSPEKTIVE		
	8.1	Wer spricht das Gedicht?	84
	8.2	Ist eine Rolle angegeben?	84
	8.3	Werden die Verse von einem Ich gesprochen?	85
	8.4	Wovon spricht das Ich?	85
	8.5	Bleibt der Sprecher des Gedichts verborgen?	86
	8.6	Wird die Gemeinsamkeit eines Wir vernehmlich?	86
	8.7	Sind die Verse an jemanden gerichtet?	87
	8.8	Wird ein Du angesprochen?	88
	8.9	Wendet sich das Gedicht an eine Gruppe oder an die Allgemeinheit?	91
	8.10	Enthält das Gedicht direkte Reden?	92
	8.11	Was wird vom Hörer oder Leser des Gedichts erwartet?	92
9.	ZEIT		
	9.1	Ist das Gedicht tages- oder jahreszeitlich situiert?	94
	9.2	Ist das Gedicht historisch datiert?	95
	9.3	Fehlt jeglicher Zeitbezug?	97
	9.4	Stellt das Gedicht einen Vorgang dar?	97
	9.5	Sind Zeitstufen erkennbar?	98
10.	RAUM		
	10.1	Ist das Gedicht geographisch lokalisiert?	100
	10.2	Ist das Gedicht auf andere Weise lokalisiert?	100

10.3	Zeigt das Gedicht überhaupt Räumlichkeit?	101
10.4	Wird von einem Standort aus etwas betrachtet?	101
10.5	Wechselt die Richtung der Betrachtung?	102
10.6	Wird eine Bewegung beschrieben?	103

11. AUFBAU

11.1	Gliederung und Zusammenhang der Teile	105
11.2	Läßt schon das Druckbild eine Einteilung erkennen?	105
11.3	Stellen Sie die innere Gliederung des Gedichts fest.	106
11.4	Aus wieviel Teilen besteht das Gedicht?	107
11.5	Wie hängen die Teile zusammen?	108
11.6	Wird der Aufbau durch die Gesetze einer Gattungsform bestimmt?	109
11.7	Handelt es sich um ein modernes Gedicht?	109

12. ZUSAMMENHANG

12.1	Von den Einzelheiten zu den Zusammenhängen	111
12.2	Wo zeigen sich Zusammenhänge zwischen der Thematik und den anderen untersuchten Aspekten?	111
12.3	Wo zeigen sich Entsprechungen bei den Darstellungsmitteln?	112
12.4	Sondern Sie die wichtigsten Feststellungen von den nur beiläufigen.	113
12.5	Überlegen Sie sich eine zweckmäßige Gliederung.	113
12.6	Bemühen Sie sich um eine verständliche Darstellung.	113

DIE HÄUFIGSTEN VERSMASSE

Einheber	114
Zweiheber	114
Dreiheber	114
Vierheber	115
Fünfheber	117
Sechsheber	120
Siebenheber	125
Achtheber	125

SACHREGISTER 126

EINLEITUNG

Gedichte verständig und verständlich zu interpretieren mag eine Kunst sein. Aber wie jede Kunst hat auch die 'Kunst der Interpretation' ihre handwerkliche Grundlage. Und so gibt es zunächst ein 'Handwerk der Interpretation' mit lehr- und lernbaren 'Handgriffen'. Wer sich hiermit nicht auskennt, fühlt sich unsicher und der ihm gestellten Aufgabe zur Interpretation in Schule und Studium kaum gewachsen, auch wenn die Dichtung ihn persönlich anspricht. Dem Anfänger in der Literaturwissenschaft solche Handgriffe zu zeigen ist der Zweck dieser Methodik der Gedichtinterpretation. Sie kann kein Verständnis der Dichtung vermitteln, möchte aber dazu verhelfen, Gedichte sich und anderen interpretierend zu erschließen.

Der Benutzer wird selbst angesprochen. Ihm werden Fragen vorgelegt, die aus dem Text zu beantworten sind. Er erhält Hinweise auf mögliche Antworten und Informationen über Fachbegriffe, und er findet Beispiele, die ihm Vergleiche mit dem eigenen Text ermöglichen und Zuordnungen erleichtern. Praktische Ratschläge zur Vorgehensweise sollen ihm die Arbeit erleichtern.

Diese Methodik ist so eingerichtet, daß sie den Anfänger, der ein Gedicht interpretieren will, Schritt für Schritt einen Weg führt, auf dem er für seine Interpretation Feststellungen treffen und Befunde sammeln kann. Die notwendigerweise allgemeine Wegrichtung kann nicht ausschließen, daß manche der gewiesenen Schritte bei diesem oder jenem Gedicht unnötig sind und daß andere vielleicht direkter zum Ziel geführt hätten. Da jedes Kapitel in sich abgeschlossen ist, hat der Benutzer ohnehin die Freiheit, Strecken dieses Weges zu überspringen oder dessen Richtung zu ändern. Um so wichtiger sind am Ende dieses Weges die Sichtung der für das zu interpretierende Gedicht gewonnenen Befunde, die Entdeckung der dabei deutlich werdenden Zusammenhänge und ihre Darstellung nun nach einer Ordnung, die der Besonderheit des Gedichts gerecht wird.

Diese Handreichung hat ihren Zweck erfüllt, wenn sie für ihren Benutzer entbehrlich geworden ist.

1. THEMATIK

1.1 Worum geht es in diesem Gedicht?

Ausgehend von ihrem ersten Gesamteindruck, zugleich im nochmaligen Blick auf die Überschrift, sollten Sie die Thematik des Gedichts versuchsweise begrifflich bestimmen.

1.2 Wird eine Begebenheit erzählt?

Am leichtesten läßt sich die Frage, worum es in einem Gedicht geht, beantworten, wenn sein 'Inhalt' ein Vorgang oder eine Handlung ist, deren Verlauf man 'mit eigenen Worten' wiedergeben kann ('Inhaltsangabe'). Das ist vor allem bei erzählenden Gedichten, Balladen und Romanzen der Fall. Sie erzählen von einer Begebenheit, die sich irgendwann und irgendwo zugetragen hat, und von einer Tat, die von Menschen begangen und erlitten wurde: Umstände, Verlauf und Träger der Handlung sind angebbar. Indem wir dies tun, wird unsere Aufmerksamkeit bereits auf die Darstellungsweise gelenkt. Da gibt es, zumal eingangs und wiederholt zur Weiterführung, den präteritalen Erzählton: *Es war ein König in Thule* (Goethe), *Er stand auf seines Daches Zinnen* (Schiller), *Die Mitternacht zog näher schon* (Heine). Da finden wir zum andern, mit dramatischer Wirkung, die wörtlichen Reden von Handlungsträgern: *Wer wagt es, Rittersmann oder Knapp* (Schiller), *Ich hab es getragen sieben Jahr* (Fontane). An die Stelle der fortschreitenden und nur dialogisch unterbrochenen Erzählung kann auch eine Folge von präsentischen, stimmungsgeladenen Bildern treten: *O schaurig ist's, übers Moor zu gehen* (Droste-Hülshoff), *Der Knabe träumt, man schicke ihn fort* (Hebbel), *Wild zuckt der Blitz. In fahlem Lichte steht ein Turm* (Meyer).

1.3 Werden Dinge oder Menschen abgebildet?

Gemäß jener alten, auf Aristoteles zurückgehenden Lehre, wonach es die Aufgabe der Dichtung sei, die Natur nachzuahmen, haben sich Dichter immer wieder darum bemüht, Dinge oder Menschen durch Worte abzubilden. Nun sind der sprachlichen Wiedergabe durch Beschreibung auch bei einem umfangreichen Wortschatz prinzipielle Grenzen gesetzt, muß doch das gleichzeitig Gegebene in ein Nacheinander verwandelt werden. Um so eher wird daher das sprachliche Abbild zur Wiedergabe des Eindrucks, den das Ding oder der Mensch auf den Dichter oder ein von ihm fingiertes Ich macht, und schließlich zum Versuch, das Wesen dieses Dinges oder Menschen zu erfassen und auszusprechen. Besonders häufig sind es Werke der bildenden Kunst, auf die sich derartige Dinggedichte beziehen, und zwar weniger Gemälde (nachmalend Nick *Der Hafen von Greifswald* nach C. D. Friedrich, dialogisch Rilke *David singt vor Saul* nach Rembrandt) als vielmehr Skulpturen (Hebbel *Apollo von Belvedere*, Meyer *Der sterbende Fechter*) und schön geformte Gegenstände (Mörike *Auf eine Lampe*, Meyer *Der römische Brunnen*). Thematisiert werden Dinge der Natur, insbesondere Blüten und Pflanzen (Brockes *Beschreibung einer Kirschblüte bei der Nacht*, Mörike *Auf eine Christblume*, Lehmann *Abgeblühter Löwenzahn*), aber auch Tiere (Rilke *Der Panther*, Brecht *Die Liebenden*). Zur Charakteristik wird das Bild von Menschen (Lenau *Die drei Zigeuner*, Hofmannsthal *Die Beiden*, Benn *Chopin*). Der thematische Bogen reicht hinüber zu Natur- und Landschaftsbildern, nämlich besonderer Stätten (Bergengruen *Alte Mordstelle*) und Städte (Heine *Venedig*) sowie Landschaften (Droste *Heidebilder*, Storm *Meeresstrand*). Freilich tendieren solche Naturbilder meist schon zu Stimmungsbildern, also Darstellungen der Empfindungen des lyrischen Ichs in besonderen Situationen (s. 1.5).

1.4 Drückt ein Ich seine Gedanken und Empfindungen aus?

Indem das erzählende Gedicht von einer Begebenheit handelt und das lyrische Ich sich auf ein Abgebildetes bezieht, haben derartige Gedichte gewissermaßen ein bestimmbares 'Objekt'. Anders ist es bei jenen Gedichten, durch die ein Ich sich selbst in seinen Gedanken und Empfindungen zum Ausdruck bringt. Solche 'subjektive' Aussprache ist das zentrale Feld der Lyrik. Mit Gedichten dieser Art hat es der Interpret zumeist zu tun, und sie bereiten ihm zugleich am meisten Schwierigkeiten. Denn hier läßt sich kein 'Objekt' angeben; der Interpret muß das 'Subjektive' erfassen: Stimmungen, Gedankengänge, Gefühlsbewegungen. Darum ist zunächst eine nähere Eingrenzung geboten.

1.5 Ergibt sich der Ausdruck durch eine bestimmte Situation oder einen äußeren Anlaß?

Fragen Sie also zunächst nach der zeitlichen und räumlichen Situierung des Gedichts sowie nach seiner besonderen Veranlassung. Ist eine Situation oder ein Anlaß erkennbar, so ist es wichtig, sie deutlich zu bezeichnen, denn sie sind ja die Bedingungen für die Gedanken und Empfindungen des lyrischen Ichs. Der **Gedichttitel** gibt oft schon einen wichtigen Hinweis zur räumlichen und zur zeitlichen Situierung. Wenn beispielsweise ein Gedicht von Droste-Hülshoff überschrieben ist *Im Moose*, so zielt dies auf die besondere lyrische Situation: Einsam unter Bäumen im Moose liegend, lauschend und schauend, gibt sich ein Ich seinen Erinnerungen hin.

Es gibt eine Vielzahl traditioneller **lyrischer Situationen**, die durch die Eigenart des Ichs und die besonderen Umstände jeweils modifiziert werden. Da sind etwa die Tageszeiten: der Morgen (Hofmannsthal *Vor Tag*, Hauff *Reiters Morgenlied*), der Mittag (Eichendorff *Mittagsruh*) und die Stunde der Dämmerung (Hölderlin *Sonnenuntergang*, Goethe *Dämmrung senkte sich von oben*). Zahllos sind die Abendgedichte, gibt doch die Weile nach dem Tagewerk und vor dem Einschlafen am ehesten der Besinnung Raum (Gerhardt *Nun ruhen alle Wälder*, Eichendorff *Schweigt der Menschen laute Lust*, Keller *Augen, meine lieben Fensterlein*). Seit der Empfindsamkeit wird die vom Mondlicht beschienene Nacht lyrisch bevorzugt (Klopstock *Die Sommernacht*, Goethe *An den Mond*, Eichendorff *Mondnacht*). Eine andere Reihe lyrischer Situationen ergibt sich herkömmlich aus der Folge der Jahreszeiten: Vorfrühling (George *An baches ranft*, Stadler *Vorfrühling*), Frühling (Hagedorn *Der Mai*, Goethe *Maifest*, Mörike *Er ist's*), Sommer (Hebbel *Sommerbild*, Benn *Einsamer nie*), Herbst (Salis-Seewis *Herbstlied*, Rilke *Herbsttag*) und Winter (Göckingk *Als der erste Schnee fiel*, Trakl *Ein Winterabend*). Vielen Gedichten liegt eine Situation aus dem Bereich des Fahrens zugrunde, etwa der **Wanderschaft** (Goethe *Wanderers Sturmlied*, W. Müller *Wanderschaft*), der **Fahrt im Wagen** (Goethe *An Schwager Kronos*; Lenau *Der Postillon*) oder einer Bootsfahrt (Klopstock *Der Zürchersee*, Meyer *Im Spätboot*). Es ist hier nicht möglich, aber auch nicht nötig, eine Systematik lyrischer Situationen zu entwickeln. Wo einem Gedicht eine bestimmte äußere Situation zugrunde liegt, sei es die eines im Kerker Gefangenen (Schubart *Erstickter Preisgesang*) oder die eines frei zum nächtlichen Firmament Aufblickenden (Gryphius *An die Sternen*), da muß sie vom Interpreten verdeutlicht werden. Biographische Einzelheiten zur Entstehung des Gedichts (s. 2.5) können uns hier zuweilen weitere Aufschlüsse geben. Lassen sich nun aber zu einem Gedicht kein bestimmter Anlaß und keine äußere Situation feststellen, so müssen wir weiterfragen.

1.6 Ist das Gedicht die Aussprache von Gedanken und Empfindungen aus innerer Veranlassung?

Hier ist das Ich mit sich allein, und das Gedicht ist die Aussprache von Gedanken und Empfindungen in der Stunde der Besinnung, des Erinnerns und Innewerdens. Viele Gedichte dieser Art kreisen um **Erinnerungen**: das Ich vergegenwärtigt sich Vergangenes. Die Erinnerung kann beglückend einem Liebeserlebnis gelten (Klopstock *Das Rosenband*, Goethe *Willkommen und Abschied*, Brecht *Erinnerung an die Marie A.*). Sie kann Bilder aus der eigenen Kindheit und Jugend wachrufen (Chamisso *Das Schloß Boncourt*), wobei sich freilich leicht wehmütige Empfindungen einstellen (Rückert *Aus der Jugendzeit*). Die Stimmung des Gedichts erwächst oft aus der Diskrepanz zwischen dem Einst und Jetzt, zumal wenn diese schmerzlich empfunden wird, nämlich zwischen einer glücklichen Vergangenheit und einer bedrückenden Gegenwart, in der Romantik gern als Gegensatz von Heimat und Fremde gesehen (W. Müller *Der Lindenbaum*, Eichendorff *Heimweh*). Weil das Vergangene zwar vergegenwärtigt, aber nicht zurückgewonnen werden kann, klingen solche Erinnerungen oft elegisch. Damit kommen wir zu einer anderen Gruppe von Gedichten, den Elegien im engeren Sinne. Ihr 'Inhalt' ist das **Innewerden** eines Verlustes im Bewußtsein, daß das Verlorene unwiederbringlich ist (Walther von der Vogelweide *Owê war sint verswunden alliu mîniu jâr*, Schiller *Die Götter Griechenlands*). Doch kann der Blick auf das eigene Leben auch andere Empfindungen auslösen: das Gefühl der Bitterkeit (Günther *Alles eilt zum Untergange*), Zerrissenheit (Brentano *Rückblick*), Resignation (Schiller *Auch ich war in Arkadien geboren*), wie ja Gedanken und Gefühle im Verlauf auch wechseln können. Gemeinsam ist all diesen Gedichten der Vorgang eines Innewerdens von Gegebenheiten: dem Ich wird deutlich, daß sich etwas so verhält. Und dies erfüllt das Ich mit Freude oder Wehmut, Hoffnung oder auch Sorge (Heine *Denk ich an Deutschland in der*

Nacht). Wo aber das Ich nicht erst eines Umstandes oder seiner Lage inne wird, sondern schon ergriffen ist von einem Gedanken und Gefühl, da wird es diese **unmittelbar aussprechen**: in Liebesleid und Liebesschmerz, in religiöser Begeisterung (Klopstock *Die Frühlingsfeier*) oder Demut (Goethe *Grenzen der Menschheit*). Aber gerade der Ausdruck sehr lebhafter Empfindungen bleibt nicht lange richtungslos. Das lyrische Ich möchte sich mitteilen, möchte vernommen werden. Und darum hat die Aussprache die Tendenz, teilweise oder ganz zur Ansprache zu werden.

1.7 Wird die Aussprache zur Ansprache?

Achten Sie auf die Richtung der Rede! Es kann sein, daß das lyrische Ich zunächst noch ohne erkennbare Richtung seine Gedanken und Empfindungen ausdrückt, dann aber wendet es sich jemandem zu und spricht ihn direkt an. So beginnt Hebbels *Herbstbild* als Gefühlsaussprache des Ichs (*Dies ist ein Herbsttag, wie ich keinen sah!*) und wendet sich erst in der zweiten Strophe bittend an ein Ihr (*O stört sie nicht, die Feier der Natur!*). Ein Gedicht kann als Klage beginnen (Anton Ulrich *Es ist genug!*) und dann zum Gebet werden (*Erlös mich, Herr*). Mit der Ansprache - sie mag erst aus der Aussprache hervorgehen oder von Anfang an dem Gedicht eine Sprechrichtung geben - werden bestimmte lyrische Sprechweisen (s. 1.9) möglich.

1.8 Wer wird in dem Gedicht angesprochen? *Titel*

Sollte das lyrische Sprechen gerichtet sein, so stellen Sie zunächst den oder die Adressaten fest. Diese können - wie beim Widmungsgedicht - schon aus dem Titel (Brecht *An die Nachgeborenen*) oder aus einer Widmung bzw. dem Untertitel ersichtlich sein (Eichendorff *Die Heimat. An meinen Bruder*). Sie können durch die Anrede direkt benannt werden (Goethe *Bedecke deinen Himmel, Zeus*) oder sind erst aus dem Kontext zu erschließen (Goethe *Warum gabst du uns die tiefen Blicke*). An die Sprache der Psalmen erinnert die Anrede der eigenen Seele (103. Psalm *Lobe den Herrn, meine Seele*); Selbstanreden werden oft auch an das eigene Herz gerichtet (Goethe *Herz, mein Herz, was soll das geben*). Die Anrede kann sich an alle Welt und jedermann richten (Grillparzer *Wie viel weißt du, o Mensch*). Meist geht sie aber in eine bestimmtere Richtung. Da werden Kinder angesprochen (Claudius *So schlafe nun, du Kleine!*) oder Freunde (Günther *Brüder, laßt uns lustig sein*), vor allem der oder die Geliebte (Goethe *Hochbeglückt in deiner Liebe*). Der Adressatenkreis bleibt nicht auf Menschen beschränkt. Es gehört zum Wesen der Lyrik, daß sie alles Gemeinte auch anzusprechen vermag: Gegenstände (Mörike *Auf eine Lampe*), Städte (Volkslied *Innsbruck, ich muß dich lassen*) und Landschaften (Eichendorff *O Täler weit, o Höhen*), auch Gestirne (Gryphius *An die Sternen*) und sogar Zeiten (Keller *Willkommen, klare Sommernacht*), Ideale (Hölderlin *Hymne an die Schönheit*) und Götter (Schiller *Da ihr noch die schöne Welt regieret*) und im Gebet Gott selbst.

1.9 In welcher Absicht erfolgt die Ansprache?

Wenn sich das Ich an jemanden wendet, wird nicht nur eine Richtung des lyrischen Sprechens erkennbar, sondern meist auch eine bestimmte Absicht. Diese ergibt sich aus der lyrischen Situation (s. 1.5f.); sie bedingt sogleich eine besondere Sprechweise. Fragen Sie sich also, mit welcher Intention sich das Ich an den Angesprochenen wendet. Die Ansprache kann in der Absicht erfolgen, sich vor anderen zu **rechtfertigen** (Hölderlin *Menschenbeifall*, Brecht *An die Nachgeborenen*). Seine Liebe **bekennend** spricht das Ich den Geliebten an (Namenlos *Du bist mîn, ich bin dîn*). Die liebende Hinwendung kann zum **Lob** werden (Hölderlin *Heidelberg*), aber auch zur **Klage** (Goethe *An Belinden*). Zahlreich sind die appellativen Sprechweisen. In der Liebeslyrik dominiert natürlich die **Werbung** um Liebe (Opitz *Ach Liebste, laß uns eilen*), in der religiösen Lyrik und zumal im Gebet die **Bitte** (Mörike *Gebet*). **Aufforderungen** können aufmunternd gemeint sein (Matthisson *Zuruf*), auf Gemeinsamkeiten abzielen (Rinckart *Nun danket alle Gott*) und zur Geselligkeit einladen (Fleming *Laßt uns tanzen, laßt uns springen*, Gleim *Trinklied*). Auch wenn er nicht direkt angeredet wird, so wenden sich doch zumindest indirekt alle didaktischen Gedichte an einen Adressaten. Gedankengänge und Betrachtungen führen zu **mitteilbaren Erkenntnissen** (Gryphius *Die Herrlichkeit der Erden*, Goethe *Natur und Kunst*). **Lehren** werden verkündet (Schiller *Die Worte des Glaubens*, Tieck *Wunder der Liebe*). Erfahrungen und Einsichten verdichten sich zu **Sprüchen**

(Goethe *Selige Sehnsucht*, *Das Göttliche*). Allgemeingültige Lehren wollen auch die Fabel und Parabel vermitteln (Gellert *Der Blinde und der Lahme*).

1.10 Liegt ein Rollengedicht vor?

Der Ausdruck »lyrisches Ich« erinnert daran, daß wir das Ich des Gedichts nicht einfach mit dem Ich des Dichters gleichsetzen dürfen. Es ist das besondere Ich dieses Gedichts und also nicht zugleich das Ich anderer Gedichte desselben Dichters. Unübersehbar ist dieser Unterschied, wenn die Verse des Gedichts einer fiktiven Person in den Mund gelegt sind, das lyrische Ich also in einer Rolle spricht und dabei die Gedanken und Empfindungen der betreffenden Person in ihrer besonderen Situation zum Ausdruck bringt. Solche Rollengedichte sind meist schon durch den Titel deutlich gemacht. Besonders beliebt sind Mädchenrollen (Claudius *Die Sternseherin Lise*, Brentano *Der Spinnerin Lied*, Mörike *Das verlassene Mägdlein*) und die Rollen historischer Personen (Platen *Der Pilgrim vor St. Just*, Meyer *In der Sistina*, Krolow *Robinson*). Auch an Chorlieder ist hier zu denken (Heine *Die schlesischen Weber*, Meyer *Chor der Toten*) sowie an lyrische Dialoge mit wechselnden Rollen (Volkslied *Ich hört ein Sichelein rauschen*, Mörike *Gesang zu zweien in der Nacht*, Weinheber *Kammermusik*).

2. ENTSTEHUNG

2.1 Von wem stammt das Gedicht?

Den Dichter eines Volkslieds können wir nicht benennen. Zwar sind uns auch manche Kunstgedichte namenlos überliefert, im allgemeinen führt aber die Frage nach dem Verfasser des Gedichts zu einem in der Literaturgeschichte belegten Autor. Wer war dieser Dichter? Wann und wo hat er gelebt? Was hat er noch geschrieben, und welche seiner Werke sind am bekanntesten geworden? Literaturlexika und Literaturgeschichten geben Ihnen hierüber in der Regel erste Auskünfte.

2.2 In welchem werkgeschichtlichen Zusammenhang steht das Gedicht?

Das einzelne Ihnen vorliegende Gedicht ist vielleicht isoliert worden, denn es stand ursprünglich in einem Zusammenhang mit anderen Werken des Dichters. Zum Beispiel sind Eichendorffs Lieder *Wem Gott will rechte Gunst erweisen*, *Wer in die Fremde will wandern* und *Schweigt der Menschen laute Lust* Einlagen in seiner Novelle *Aus dem Leben eines Taugenichts* und dort bestimmten Personen in den Mund gelegt. Brentanos Lied *Hör, es klagt die Flöte wieder* ist ursprünglich das Duett eines Blinden mit einem Knaben in dem Singspiel *Die lustigen Musikanten*. Und *Mahomets Gesang* von Goethe, ursprünglich auf zwei Sprecher verteilt, ist Teil eines Fragment gebliebenen Dramas *Mahomet*. Über solche werkgeschichtlichen Zusammenhänge informieren die Kommentare einschlägiger Werkausgaben. Als Interpret müssen Sie entsprechende Erkundigungen einziehen, um solche Zusammenhänge bei der Deutung berücksichtigen zu können.

2.3 Ist das Gedicht jemandem gewidmet?

Es gibt Gedichte, die für bestimmte Personen verfaßt und diesen - meist aus einem besonderen Anlaß - gewidmet wurden. Die schon aus dem Text erkennbare Sprechrichtung (s. 1.8) solcher Widmungsgedichte erklärt sich so aus der Absicht des Dichters. Der eigentliche Adressat ist oft schon aus der Überschrift ersichtlich (Hebbel *An Christine Engehausen*), manchmal auch der Anlaß (Kleist *An die Königin Luise von Preußen zur Feier ihres Geburtstages den 10. März 1810*). Ist der Adressat nicht genannt, muß er aus der Biographie des Dichters ermittelt werden (z. B. Goethe *Mit einem gemalten Band* an Friederike Brion und *Warum gabst du uns die tiefen Blicke* an Charlotte v. Stein, Storm *Einer Toten* im Andenken an seine Schwester Helene Lorenzen). Von einer Interpretation erwartet man, daß sie das Verhältnis des Dichters zu dem Adressaten und den Anlaß der Widmung verdeutlicht.

2.4   Geht das Gedicht auf eine Quelle zurück?

Oft ist die Handlung erzählender Gedichte nicht frei erfunden, sondern war durch eine ältere Erzählung schon vorgegeben. So geht beispielsweise Schillers Ballade *Der Ring des Polykrates* auf eine Anekdote des antiken Historikers Herodot zurück. Ein Zeitungsbericht regte Fontane zu seiner Ballade *Die Brück' am Tay* an. Kommentare der Werkausgaben weisen auf solche Quellen hin. Eine reizvolle Aufgabe für den Interpreten ist es, das Gedicht mit der Quelle zu vergleichen und dabei die Verarbeitungstendenzen des Dichters herauszustellen.

2.5   Wann und wo entstand das Gedicht?

Wir fragen nach der Entstehungszeit des Gedichts. Sie ist am weitesten eingegrenzt durch die Lebensdaten des Dichters (s. 2.1), sodann durch dessen jeweiliges Lebensalter: Handelt es sich um ein Jugendgedicht oder im Gegenteil um ein Alterswerk? Meist wird durch die Biographie eine genauere Datierung möglich sein, wodurch der Bezug zur damaligen Lebenssituation des Dichters in den Blick tritt. Wo lebte er und unter welchen Bedingungen, als er das Gedicht schrieb? So versuchen wir, uns über die Entstehungsbedingungen des Gedichts zu informieren. Dies ist zwar nicht immer möglich, kann aber oft das Verständnis erleichtern, zumal bei autobiographischen Gedichten. Schubarts *Erstickter Preisgesang* rückt unserem Verständnis viel näher, wenn wir wissen, daß der Dichter 1777 von Herzog Karl Eugen von Württemberg auf die Festung Hohenasperg verschleppt und dort zehn Jahre gefangengehalten wurde. Die besondere Bedeutung der *Elegie* Goethes wird erst deutlich vor dem Hintergrund der Erfahrungen des greisen Dichters im Sommer 1823 in Marienbad und die Umstände der Niederschrift, wie sie aus zeitgenössischen Äußerungen, Goethes Tagebuchnotizen und Eckermanns Bericht überliefert sind. Drostes bekenntnishafte Strophen *Am Turme* haben ihren lokalen Bezug zur alten Meersburg über dem Bodensee und der inneren Zerrissenheit der hier in den 1840er Jahren wohnenden Dichterin.

2.6 Liegt dem Gedicht ein Erlebnis zugrunde?

Nicht selten geht ein Gedicht auf ein datierbares, reales Erlebnis des Dichters zurück, das von ihm gefühlsmäßig und gedanklich verarbeitet und sprachlich 'verdichtet' wurde. Biographische Forschungen geben dem Interpreten die erforderlichen Hinweise. So liegt Klopstocks Ode *Der Zürchersee* das Erlebnis einer Bootsfahrt mit Freunden zugrunde, über die der Dichter zwei Tage später, nämlich am 1. August 1750, seinem Vetter Johann Christoph Schmidt in einem Brief ausführlich berichtete. Den biographischen Hintergrund der Hymne Goethes *Harzreise im Winter*, nämlich des Dichters Fußwanderung im Dezember 1777 auf den Brocken, erhellen Goethes gleichzeitige Tagebuchnotizen und Briefe an Charlotte von Stein sowie eine spätere Erläuterung dieses Gedichts. Mag auch solche Erlebnislyrik, wie sie durch Goethes Vorbild lange bestimmend war, in der modernen Dichtung an Bedeutung verloren haben, so bleibt doch die Frage des Interpreten nach den Erlebnisgrundlagen eines Gedichts legitim. Sind solche biographisch erkennbar, so genügt es freilich nicht, sie als Einflußfaktoren positivistisch nachzuweisen. Entscheidend ist, ob und wie es dem Dichter gelang, daß der Leser nun *im Besonderen das Allgemeine schaut* (Goethe), also die Verarbeitung des Erlebnisses und seine dichterische Gestaltung. Fragen Sie sich also: Worin unterscheidet sich das lyrische Ich des Gedichts von dem biographisch feststellbaren Erlebnis-Ich des Dichters? Wodurch unterscheidet sich die Situation des Gedichts (s. 1.5) von der damaligen des Dichters?

2.7 Gibt es das Gedicht noch in anderen Fassungen?

Kaum ein Gedicht wurde sogleich in der später veröffentlichten Form niedergeschrieben; manche bereits veröffentlichte Fassung wurde später vom Dichter überarbeitet. So kennen wir von Goethes *Willkommen und Abschied*, dessen Urschrift von 1771 verloren ging, eine ältere Fassung von 1775 (Abdruck in der Zeitschrift »Iris«: *Mir schlug das Herz*) und eine jüngere, von Goethe 1789 überarbeitete Fassung (*Es schlug mein Herz*). Gedichtsammlungen bringen bald den einen, bald den anderen Text. Prüfen Sie daher, sofern dies möglich ist, anhand einer historisch-kritischen Werkausgabe, ob es von dem Ihnen vorliegenden Gedicht noch weitere Fassungen gibt. Der Vergleich verschiedener Fassungen unterrichtet nicht nur über die Entstehungsgeschichte des Gedichts, er gibt auch interessante Aufschlüsse über die Arbeitsweise und Entwicklung des Dichters.

3. METRIK

3.1 Betonung

Im Unterschied zur ungebundenen Rede, der wir uns in der Umgangssprache bedienen und die wir in Prosatexten lesen, hören und lesen wir Gedichte in der gebundenen Rede ihrer Verse. Bewirkt wird diese Bindung der Wörter zu Versen meist durch ein Metrum (Versmaß), nämlich durch die Regelmäßigkeit in der Betonung der Silben. Nun hat jedes Wort schon seine natürliche Betonung (Wortakzent). Der Ton liegt im Deutschen bei zwei- und dreisilbigen Wörtern meist auf der ersten Silbe (*dichten*, *dichterisch*). Betont wird nämlich die Stammsilbe. Ihr vorausgehende Vorsilben bleiben ebenso wie Nachsilben dagegen tonlos (*Gedicht*, *gedichtet*). Verlangt nun das Metrum, wie meistens, daß betonte und unbetonte Silben regelmäßig wechseln (alternieren), so muß der Dichter seine Worte so wählen und anordnen, daß ihre natürliche Betonung diesem Wechsel auch entspricht: Wortakzent und Versakzent müssen übereinstimmen (*Form und Riegel müßten erst zerspringen* Stadler.) Sprechen wir Verse nur entsprechend diesem Wechsel von betonten und unbetonten Silben, klingen sie leicht eintönig. Natürliches und ausdrucksvolles Sprechen nämlich betont bald stärker und bald schwächer in vielen Abstufungen; es hebt auf diese Weise die sinntragenden Wörter des Satzes heraus. Das Metrum dagegen - als Grundmuster der Betonung - kennt nur das einfache Entweder-Oder: Eine Silbe wird entweder betont und ist eine sogenannte **Hebung**, oder sie ist unbetont und eine sogenannte **Senkung**. Dem Anfänger bereitet die Erkennung des Metrums dann Schwierigkeiten, wenn er die Verse mit natürlichem Ausdruck spricht und sinngemäß in dem einen vielleicht drei, in dem anderen nur zwei Silben betont, während das Metrum tatsächlich stets vier Hebungen vorsieht. Durch absichtlich ausdrucksloses, 'leierndes' Sprechen findet man am leichtesten das Metrum heraus. Es ist das zugrundeliegende Betonungsmuster, das von Vers zu Vers durch Wortwahl, Satzbau und Stimmführung verschieden ausgeführt wird. Der eigentümliche Reiz der Verssprache beruht in der geheimen Spannung zwischen dem bindenden Gleichtakt des

Metrums und dem freien Tonfall des rednerischen Ausdrucks. *Dichten heißt, in Ketten tanzen.* (Nietzsche) Der Interpret muß die *Ketten* zeigen.

3.2   Notieren Sie das metrische Schema aller Verse.

Es gibt verschiedene Notationen als Möglichkeiten, Versmaße schematisch wiederzugeben. Wenn man (nach dem Vorbild von A. HEUSLER) für jede Silbe ein schrägliegendes Kreuz schreibt, so erhalten alle metrisch betonten Silben, also alle Hebungen, ein Akzentzeichen auf der Silbe bzw. dem Kreuz, während alle übrigen unbetonten Silben, also alle Senkungen, ohne dieses Zeichen bleiben. Arbeitet man mit einer Schreibmaschine oder einem Personalcomputer, auf denen solche Zeichen nicht zur Verfügung stehen, so empfiehlt sich (nach dem Verfahren von U. PRETZEL) eine Notation, bei der man für jede betonte Silbe (Hebung) ein großes X und für jede unbetonte Silbe (Senkung) ein kleines x schreibt. Der Vers *Ich séhe óft um Mitternácht* (Claudius) mit seinen acht Silben wäre dann so zu notieren: x X x X x X x X. (Anmerkung: Die antike Metrik unterschied nicht zwischen betonten und unbetonten, sondern zwischen langen und kurzen Silben. Für diese setzte sie einen nach oben geöffneten Bogen und für jene einen waagerechten Strich. In Übertragung dieser Schreibweise auf die deutsche Metrik bezeichnete man früher meist und heute noch gelegentlich Hebungen mit Strichen und Senkungen mit Bögen. Diese Notation sollte aber auf quantifizierende, d.h. Längen messende Verssysteme beschränkt bleiben und nicht auf die qualifizierenden der germanischen Sprachen übertragen werden.) Sind Sie völlig ungeübt, so schreiben Sie zunächst für jeden Vers so viele Kreuze, wie dieser Sprechsilben hat. Dann versuchen Sie, durch 'leierndes' Sprechen die Hebungen herauszufinden, um diese dann nachträglich (durch Akzentsetzung oder Großschreibung) von den Senkungen zu unterscheiden.

3.3   Übereinstimmung von Wortakzent und Versakzent

Seit dem 17. Jh. gilt diese Übereinstimmung als anerkannte Regel (Ausnahmen s. 3.12). Alle einsilbigen Wörter können sowohl Hebungen wie Senkungen sein. Bei mehrsilbigen Wörtern sollte die Hebung auf die Stammsilbe fallen (*dichtend*, *Gedícht*). Bei zwei

Nachsilben kann dann auch die letzte wieder eine Hebung sein (*dichterísch*). Niemals aber darf statt der Stammsilbe die Vorsilbe zur Hebung werden (*Gédicht*). Irrt man sich bei der Markierung der Hebungen, so fallen Verstöße gegen die natürliche Betonung sogleich auf. Solche Irrtümer ergeben sich erfahrungsgemäß zumeist durch falsche Betonung des Versanfangs.

3.4 Beginnen die Verse betont oder unbetont?

Ein Vers beginnt entweder mit einer Hebung, also mit einer betonten Silbe: *Dú, mit déinen bráunen Lócken* (Goethe). Oder er beginnt mit einer Senkung, also unbetont: *In éinem Tál bei ármen Hírten* (Schiller). Da nun die meisten deutschen Verse unbetont beginnen, geschieht es dem Ungeübten zuweilen, daß er einen betont einsetzenden Vers versehentlich unbetont beginnen läßt, woraus sich dann Widersprüche zur natürlichen Wortbetonung ergeben: *und wózu dénn auch berrubén?* (Goethe). Solche Irrtümer klären sich rasch, wenn man beim Sprechen gleich mit einer Hebung beginnt: *únd wozú denn áuch beráuben?*

Den der ersten Hebung vorausgehenden Versteil bezeichnet man als **Auftakt**. So gibt es also auftaktlose Verse und Verse mit Auftakt. Überwiegend besteht der Auftakt in der neuhochdeutschen Kunstlyrik aus nur einer unbetonten Silbe. Als Ausnahmen finden sich (zumal mit volkstümlichem Anklang) zweisilbige Auftakte (x x X x X x X *Einen góldnen Bécher gáb* Goethe). In Anlehnung an die Terminologie der antiken Metrik bezeichnet man Verse mit regelmäßigem Wechsel von Hebung und Senkung, wenn sie ohne Auftakt und also gleich mit einer Hebung beginnen, als **trochäische** Verse. Beginnt ein Vers dagegen auftaktend mit einer Senkung, nennt man ihn **jambisch**. Mag auch die weitere Versbewegung gleich sein, das Fehlen oder Vorhandensein eines Auftakts bestimmt doch den Klang und die Ausdrucksmöglichkeiten des Verses. Weil die Sätze einer zusammenhängenden, ruhigen Rede im Deutschen vorwiegend mit unbetonten Einsilbern (Artikel, Pronomen, Konjunktionen, Präpositionen) beginnen, eignen sich **jambische Verse** zumal für erzählende und betrachtende Gedichte. Auch kann die Satzbewegung (s. 5.1) beim Übergang von einem betont schließenden (s. 3.9) zum nächsten wieder unbetont einsetzenden Vers das Auf und Ab von Hebung und Senkung gleitend fortsetzen. Weitere Gründe und auch Traditionen mögen zur

Bevorzugung jambischer Versmaße im Deutschen beitragen. Eben darum läßt sich ihr allgemeiner Charakter nur sehr vage bestimmen. Weich und gleitend, im Ausdruck meist verhalten, erlauben jambische Verse einen beweglichen Satzbau. **Trochäische Verse** sind weniger zahlreich. Wo sie gewählt wurden, muß man darum nach den Gründen fragen. Betont einsetzende Vers wirken fester, bestimmter, kräftiger und eindringlicher als jene mit dem leichten Auftakt. Ihr Ausdruck kann spruchhaft, eindringlich, ja beschwörend sein (*Sagt es niemand, nur den Weisen* Goethe, *Allem Tagewerk sei Frieden* Brentano). Sie können einer mächtigen Empfindung Ausdruck geben, sei es der Beglückung (*Freude, schöner Götterfunken* Schiller, *Hochbeglückt in deiner Liebe* Goethe), der Andacht und Ahnung (*Dämmrung senkte sich von oben* Goethe, *Schweigt der Menschen laute Lust* Eichendorff), der Bedrückung und verhaltenen Klage (*Tiefe Stille herrscht im Wasser* Goethe, *Laß, o Welt, o laß mich sein* Mörike). **Trochäische Verse** können aber auch frisch klingen, schlicht und innig (*Kleine Blumen, kleine Blätter* und *Sah ein Knab ein Röslein stehn* Goethe, *Frühling läßt sein blaues Band* Mörike). Zügig im Schritt und oft volkstümlich wirken auftaktlose Erzählverse (*Hat der alte Hexenmeister* Goethe, *Mit dem Pfeil, dem Bogen* Schiller, *Seht, da ist die Witwe Bolte* Busch).

3.5 Wie viele Hebungen haben die Verse?

Das gleichbeleibende Maß für die Länge eines Verses ist die Anzahl seiner Hebungen. Sie liegt für jede Versart fest, und von ihr wird am wenigsten abgewichen. Begnügte sich der Verfasser des von Ihnen untersuchten Gedichts mit einer Versart, so besitzen alle Verse durchweg gleich viel Hebungen, sind also entweder Zweiheber (2 2 2 ...), Dreiheber (3 3 3 ...), Vierheber (4 4 4 ...), Fünfheber (5 5 5 ...) oder Sechsheber (6 6 6 ...). Das ist der einfachste und häufigste Fall. Recht gebräuchlich ist aber auch die Verwendung von zwei verschiedenen Metren. Diese können alternieren; am häufigsten wechseln Vierheber mit Dreihebern (4 3 4 3 ...). Sie können auch das Gedicht oder die einzelne Strophe hörbar gliedern (z. B. 5 5 5 3 ...). Die **Regelmäßigkeit** muß beim Interpretieren deutlich werden. Kommen Sie beim Auszählen der Hebungen hier und da zu abweichenden Zahlen, dann prüfen Sie zunächst, ob Sie sich bei der Betonung nicht versehen haben. Liegt kein Irrtum vor, so ist eine **Abweichung** vom Metrum zu konstatieren: Hier wurde ein Vers ausnahmsweise verlängert bzw. verkürzt. Dabei stellt sich die Frage nach den möglichen Gründen für solche Abweichung. Häufige Abweichungen bekunden eine freiere, sich dem Sinn anschmiegende Versgestaltung. (In Goethes *Seefahrt* sind ein Fünftel aller Verse gegenüber dem Grundmetrum des jambischen Fünfhebers verlängert oder verkürzt; in Mörikes *Gesang zu zweien in der Nacht* sind es gegenüber dem selben Grundmetrum sogar ein Drittel aller Verse.) Überwiegen die Abweichungen (wie oft in der modernen Lyrik), so spricht man von **freien Versen**. Diese stimmen zwar meist im Versgeschlecht (jambisch, trochäisch) überein, zeigen auch regelmäßigen Wechsel von Hebung und Senkung, sind aber unterschiedlich lang. Eine Statistik der Hebungszahlen zeigt sowohl die Variationsbreite als auch die vom Dichter bevorzugte Verslänge.

3.6 Sind es kurze oder lange Verse?

Die Mehrzahl der deutschen Verse sind Vierheber. Jene sieben bis neun Silben, die bei regelmäßigem Wechsel von Hebung und Senkung den vierhebigen Vers füllen, sind eine leicht auffaßbare und gern als Einheit empfundene Redespanne. Gegenüber dieser **mittleren Länge** erscheinen Dreiheber oder gar Zweiheber als **Kurzverse**. Fünfheber zeigen dagegen im Deutschen schon eine merkliche, gern genutzte Breite. Erst recht gelten die Sechsheber und Siebenheber als **Langverse**. Verszeilen mit acht Hebungen erreichen bereits die Grenze dessen, was als wiederkehrende Einheit hörend noch aufgefaßt werden kann.

3.7 Wie sind die Verse metrisch gefüllt?

Die durch Betonung herausgehobenen Silben, also die Hebungen, bilden das feste Gerüst des Verses. Die Senkungen 'füllen' den Raum zwischen den Hebungen. Daß zwei Hebungen ohne Senkung aufeinanderfolgen (wie bei der 'beschwerten Hebung' der mittelhochdeutschen Metrik), ist im neudeutschen Versbau verhältnismäßig selten (... x X X x ...). Solcher Zusammenfall bringt den Versfluß ins Stocken. Wir erwarten nach jeder betonten Silbe ein oder zwei unbetonte. Am geläufigsten ist die **Alternation**, der regelmäßige Wechsel von betonten und unbetonten Silben; zwischen zwei Hebungen steht immer **eine Senkung** (... X x X x X ...). Trotz ihrer Beliebtheit können alternierende Verse, zumal in längerer Folge, leicht monoton klingen, wenn ihrem 'leiernden' Gleichmaß nicht andere Sprachmittel, wie etwa gelegentliche Doppelsenkungen, entgegenwirken. **Daktylisch** nennt man jene Versmaße, bei denen jeder Hebung regelmäßig **zwei Senkungen** folgen (... X x x X x x ...). Mit ihrer recht lebendigen Bewegung sind sie besonders geeignet, lebhaften Empfindungen Ausdruck zu geben. Ihr Dreivierteltakt kann heiter und tänzerisch wirken (*Wir singen und sagen vom vom Grafen so gern* Goethe), wiegende Bewegungen wiedergeben (*Mitten im Schimmer der spiegelnden Wellen* F. L. v. Stolberg), aber auch feierlich klingen (*Lobe den Herren, den mächtigen König der Ehren* Neander) oder eindringlich mahnen (*Wir Toten, wir Toten sind größere Heere* Meyer).

3.8 Zeigen die Verse eine Teilung?

Manche längeren Versmaße, zumal von fünf und mehr Hebungen, zeigen eine eigentümliche Teilung. Die Versbewegung kommt immer wieder an der gleichen Stelle kurz zum Stillstand, wodurch sich der Vers in zwei Bögen teilt, oft in eine Auf- und Abbewegung (x X x X x X | x X x X x X *Der schnelle Tag ist hin, die Nacht schwingt ihre Fahn* Gryphius). Ein solcher Einschnitt, **Zäsur** genannt, liegt meist nach einer Hebung (männliche Zäsur: ... x X | ...); er kann aber auch auf eine Senkung folgen (weibliche Zäsur: ... X x | ...). Wichtig ist, daß er sich in den Versen immer wieder an der gleichen Stelle des Metrums zeigt, denn er ist ja für das Versmaß charakteristisch. Verwirklicht wird die Zäsur durch den Satzbau, erkennbar durch ein Interpunktionszeichen bzw. durch eine gedankliche Gliederung. Sie braucht nicht in allen, sollte aber in der überwiegenden Zahl der Verse eingehalten worden sein.

3.9 Wie schließen die Verse?

Wie ein Vers entweder mit einer Hebung oder mit einer Senkung beginnen kann, so gibt es auch für den Versschluß - die **Kadenz** - in der neudeutschen Lyrik (anders als im Mittelhochdeutschen) grundsätzlich zwei Möglichkeiten. Entweder schließt der Vers mit einer betonten Silbe, also mit einer Hebung; dann spricht man von einer **männlichen** Kadenz (**m** : ... x X). Oder er schließt mit einer unbetonten Silbe, also mit einer Senkung; dann spricht man von einer **weiblichen** Kadenz (w : ... X x). (Statt 'männlich' findet man gelegentlich auch die Bezeichnung 'stumpf', und statt 'weiblich' sagt man dann 'klingend'.) Die männliche Kadenz wirkt fest und bestimmt; der Vers endet mit einer betonungsfähigen, sinntragenden Silbe, also etwa einer Stammsilbe nach tonlosem Präfix (*Gestált, bewúßt, vertán*) oder mit einem einsilbigen Wort (*Wórt, héll, dír*). Weich mit einer Senkung endet der weibliche Vers; seine Tonlosigkeit zum Schluß entspricht den tonlosen Endungen der allermeisten deutschen Zweisilber (*wérden, Wórte, héller, déinem*). Sehr beliebt ist der **Kadenzwechsel**, bei dem männlich und weiblich schließende Wörter abwechseln. Tatsächlich ermöglichen ja die meisten Versmaße beide Versschlüsse.

3.10 Sind die Verse gereimt?

Unter Reim versteht man in der neueren Versdichtung durchweg den **Endreim**, nämlich die klangliche Übereinstimmung zweier Versenden vom Vokal ihrer letzten Hebung an. So sind die Endreime **männlich** schließender Verse (mit Ausnahme des 'rührenden Reims' s. 6.2) einsilbig (*Licht / nicht*), während **weibliche** Verse meist zweisilbig (*Schatten / hatten*), gelegentlich auch dreisilbig 'gleitend' reimen (*schaltende / waltende*). Stellen Sie durch Vergleich der Zeilenenden fest, ob sich die Verse reimen! Dabei sind die Reimwörter - je nach der Reimordnung (s. 3.13) - oft durch eine oder mehrere Zeilen voneinander getrennt. Sie erleichtern sich die Suche, wenn Sie die Versenden laut lesen. Entscheidend für den Reim ist der **Klang**, nicht das Schriftbild (*wird / irrt, herrisch / närrisch, Gebrüll / Idyll, wächst / behext*). Eine Besonderheit, die leicht übersehen wird, ist der **Assonanzreim**, bei dem nur die Vokale der Reimsilben sich gleichen, nicht aber die Konsonanten (Heine: *blinkend / zwischen, Geläute / Häusern, folgen / sollen*). Mit der Wahl der Versart hat sich der Dichter meist auch für oder gegen den Reimgebrauch entschieden. Durch die klangliche Wiederkehr macht der Reim das Versende sinnfällig. Er bewirkt im Fortgang immer wieder eine Spannung und deren Lösung, denn der Hörer erwartet die klangliche Wiederkehr. So verbindet der Reim nicht nur die Verse zu Versgruppen (meist Strophen), sondern durch die Reimwörter auch Bedeutungen. *Reim ist bloss ein*

Wortspiel wenn zwischen den durch den reim verbundenen worten keine innere Verbindung besteht. (George)

3.11 Jetzt können Sie die Versart(en) bestimmen.

Jetzt können Sie wahrscheinlich die Art der Verse des Gedichts wie folgt bestimmen.

Reim (s. 3.10): gereimt oder reimlos.

Versbeginn (s. 3.4) mit oder ohne Auftakt, bei regelmäßigem Wechsel von Hebung und Senkung also jambisch oder trochäisch.

Versfüllung (s. 3.7): durchweg regelmäßiger Wechsel von Hebung und Senkung (alternierendes Metrum) oder regelmäßig zwei Senkungen zwischen zwei Hebungen (daktylischer Vers).

Verslänge (s. 3.5): Anzahl der Hebungen pro Vers (Dreiheber, Vierheber o.a.).

Versschluß (Kadenz, s. 3.9): männlich oder weiblich.

Versteilung (Zäsur, s. 3.8): Verse ohne oder regelmäßig mit einer Zäsur an der gleichen Versstelle.

Die Bestimmung der Versart könnte zum Beispiel lauten: »gereimter jambischer Sechsheber, sowohl männlich als auch weiblich schließend, mit Zäsur nach der dritten Hebung«. Der Übersicht DIE HÄUFIGSTEN VERSMASSE am Ende dieses Buches würden Sie dann entnehmen, daß es sich bei dieser Versart um den sogenannten 'Alexandriner' handelt.

Im einfachsten und zugleich häufigsten Fall zeigen alle Verse des Gedichts dasselbe Metrum. Üblich ist es aber durchaus, in einem Gedicht zwei (seltener drei) verschiedene Versmaße zu verwenden. Meist stimmen dann die beiden Metra im Versbeginn und in der Versfüllung überein, unterscheiden sich nur in der Hebungszahl. Besonders beliebt in der Lieddichtung ist der Wechsel von männlich schließendem Vierheber mit weiblich schließendem Dreiheber (*Bei einem Wirte wundermild, / Da war ich jüngst zu Gaste* Uhland). Nachbildungen antiker Formen (Distichon, Odenstrophen) besitzen meist zwei oder drei verschiedene Metra. Fast immer lassen sich aber bei der Verwendung verschiedener Versmaße Regelmäßigkeiten feststellen, sofern das Gedicht nicht aus 'freien Versen' (s. 3.5) oder gar aus 'freien Rhythmen' (s. 3.12) besteht.

Freilich bereitet schon die Feststellung des Versmaßes manchmal dem Ungeübten Schwierigkeiten. Er gewahrt eine Vielzahl unterschiedlicher Versmaße, wo der Dichter tatsächlich nur hier und da vom Grundmetrum abwich.

3.12 Wo sind Abweichungen vom Metrum erkennbar?

Sie können davon ausgehen, daß den meisten Gedichten ein bestimmtes Metrum oder zwei regelmäßig wechselnde Metra zugrunde liegen. Das Versmaß wurde vom Dichter gewählt; nun war er daran gebunden. Aber in der Einhaltung zeigen sich Unterschiede. Sehen Sie sich das von Ihnen notierte Schema aller Verse (s. 3.2) an! Ist es völlig regelmäßig **ohne jede Abweichung**, so hat sich der Dichter streng an die Form gehalten. Solche Formstrenge bedarf der interpretatorischen Deutung. In ihr kann sich eine gedankliche und gefühlsmäßige Strenge durch Bändigung, ein gesteigertes Bemühen um eine klare, ebenmäßige Form, nicht selten wohl auch eine klassizistische Kühle bekunden. Sie kann aber auch andererseits, wo solche Strenge nicht das Ergebnis kraftvoller Bändigung ist, im Gegenteil der Ausweis einer gedanklichen Armut und Gefühlsschwäche in einer monotonen Verssprache sein. Eine lange Folge ganz regelmäßig gebauter Verse ohne gehaltliche Spannungen wirkt monoton. **Abweichungen vom Metrum** hingegen beleben. Sie verraten zugleich, sofern sie nicht auf Unvermögen beruhen, eine freiere Auffassung des Dichters von der Geltung der Form gegenüber dem Ausdruck des Gefühls und dem Gang des Gedankens.

Am häufigsten sind Abweichungen in den **Senkungen**. In Versen alternierenden Metrums, zum Beispiel bei jambischen Dreihebern, treten hier und da zweisilbige Senkungen auf (x X x X x x X x *Es war ein König in Thule* Goethe). Es sind belebende Abweichungen; das Grundmaß bleibt der alternierende Dreiheber, wie die Nachbarverse zeigen (x X x X x X / x X x X x X x / ... *Gar treu bis an das Grab,/ Dem sterbend seine Buhle* / ...). Häufen sich solche Doppelsenkungen, dann nähert sich der Versbau schon dem daktylischen Metrum. Umgekehrt kann sich der Dichter bei daktylischen Versen die Freiheit nehmen, gelegentlich einsilbige Senkungen zu setzen (x X x x X x x X x / x X x x X x X *Es schienen so golden die Sterne, / Am Fenster ich einsam stand* Eichendorff). Die Senkungsfreiheit kann sich auch auf den Auftakt erstrecken: sei es, daß in einer Folge jambischer Verse gelegentlich der Auftakt fehlt oder aber zweisilbig erscheint (x x X x X x X *Einen goldnen Becher gab* Goethe), sei es, daß in einer Folge trochäischer Verse gelegentlich ein Vers mit einem Auftakt beginnt. Wird von solchen Freiheiten ausgiebig Gebrauch gemacht, so deutet dies auf einen recht sorglosen Versbau (z. B. bei Heine) oder auf Einflüsse aus der Volksdichtung mit dem dort geltenden Prinzip der sogenannten 'Füllungsfreiheit'. (Frei gefüllte Vierheber mit Reim sind meist 'Knittelverse'.)

Wird eine Silbe, die dem Metrum nach eine Senkung sein sollte, ausnahmsweise betont, und zwar auf Kosten der benachbarten Hebung, weil der Sinn und der natürliche Wortakzent es erfordern, so liegt eine **Tonbeugung** vor. Im Vortrag hebt sich eine solche Verschiebung hörbar heraus. Prüfen Sie in solchen Fällen, ob das so herausgehobene Wort von besonderer Bedeutungsschwere ist. Trifft dies zu, dann dient die Tonbeugung als Kunstmittel. Andernfalls liegt nur ein Fehler in der Versbildung vor.

Gravierend sind Abweichungen in der **Verslänge** durch Vermehrung oder Verminderung der Anzahl der Hebungen. Auch sie haben, wenn sie vereinzelt auftreten, deutlichen Signalwert. Fragen Sie sich also im Blick auf den Kontext: Warum hat der Dichter diesen Vers länger bzw. kürzer geformt als die anderen? Häufen sich jedoch die Abweichungen derart, daß eine dominierende Hebungszahl nicht mehr festzustellen ist, dann besteht das Gedicht vermutlich aus '**freien Versen**' (s. 3.5). Fehlt darüber hinaus sogar in der Folge von Hebung und Senkung jedes Regelmaß, zugleich auch jeder Reim und unterscheiden sich die Verse von Prosazeilen nur durch ihre rhythmische Bewegtheit, so besteht das Gedicht aus metrisch ungebundenen '**freien Rhythmen**' (z. B. Goethe *Wandrers Sturmlied*).

Allgemein gilt als Aufgabe für den Interpreten: Erkenne zunächst die Regelmäßigkeiten und ihre allgemeine Bedeutung für das ganze Gedicht! Finde sodann die Abweichungen heraus, und erkläre ihre besondere Funktion an der jeweiligen Textstelle!

3.13 Wie sind die Reime geordnet?

Reimende Gleichklänge am Ende aufeinanderfolgender Verse werden mit Kleinbuchstaben in alphabetischer Folge notiert: a .. b .. c ...

Liegt Assonanzreim vor, bei dem nur die Vokale der Reimsilben sich gleichen, nicht aber die Konsonanten, werden die Kleinbuchstaben in Klammern gesetzt: (a) .. (b) .. (c) ... . Reimlos bleibende Verse neben gereimten nennt man **Waisen**; sie werden mit einem x bezeichnet. Notieren Sie zunächst das **Reimschema** des ganzen Gedichts! Dabei hilt Ihnen lautes Lesen, denn entscheidend ist nicht das Schriftbild, sondern der Klang (s. 3.10). Geben Sie jeden neuen Gleichklang durch einen weiteren Kleinbuchstaben wieder, z. B.: ababcddc .. , so auch von Strophe zu Strophe: abba cddc effe ... . In dem von Ihnen notierten Reimschema muß jeder Kleinbuchstabe natürlich mindestens zweimal vorkommen (bei einem z. B. siebenzeiligen Gedicht also nicht ababccd, sondern ababccx). Dem Reimschema kann man entnehmen, wie die Reime geordnet sind.

Die einfachste Reimordnung ist der **Paarreim** aa, bei dem zwei unmittelbar aufeinanderfolgende Verse sich reimen. Viele Erzählgedichte bestehen aus einer Folge von Reimpaaren aabbcc .. (*Mancher gibt sich viele Müh' / Mit dem lieben Federvieh; / Einesteils der Eier wegen, / Welche diese Vögel legen, / [...]* Busch). Wird der Gleichklang wiederholt, entsteht ein **Dreireim** aaa (*Wie der Gesang / Zum Herzen klang, / Vergeß ich nimmer mein Leben lang.* Reinik). Vielfache Wiederholungen des Gleichklangs, **Haufenreim** genannt, über vier Verse aaaa (Keller *Abendlied*) oder gar über fünf Verse aaaaa klingen leicht prätentiös.

Überkreuzen sich zwei Reime abab, so spricht man vom **Kreuzreim**. Besonders geeignet, einem Vierzeiler ein festes Gefüge zu geben, ist er die bevorzugte Reimordnung kleiner Liedstrophen (*Komm, Liebchen, es neigen / Die Wälder sich dir; / Und alles mit Schweigen / Erwartet dich hier.* Jacobi). Der volle Reim kann zu bloßen Assonanzen (a)(b)(a)(b) schrumpfen (*In des ernsten Tales Büschen / Ist die Nachtigall entschlafen, / Mondenschein muß auch verblühen, / Wehet schon der Frühe Atem.* Brentano). Oft findet man den Kreuzreim auch unterbrochen, indem jeweils der erste und dritte Vers reimlos bleiben und nur der zweite und vierte gleich klingen. Dieser **unterbrochene Reim** xaxa wirkt anspruchsloser und, was sich versgeschichtlich erklären läßt, volkstümlicher als der durchgereimte Kreuzreim (*Am Brunnen vor dem Tore, / Da steht ein Lindenbaum; / Ich träumt in seinem Schatten / So manchen süßen Traum.* Wilhelm Müller).

Als **umarmenden Reim** bezeichnet man jene Ordnung, bei der ein Reimpaar von einem anderen umschlossen wird: abba (*Laß, o Welt, o laß mich sein! / Locket nicht mit Liebesgaben, / Laßt dies Herz alleine haben / Seine Wonne, seine Pein!* Mörike). Diese schon etwas kunstvollere Reimordnung wird gern für Bilder und Gedanken gewählt; auch die Vierzeiler des Sonetts reimem so.

Die Wirkung des Reims, Verse zu verbinden, bewährt sich auch bei umfangreicheren Gruppen. Beim **verschränkten Reim** werden sechs Verse durch die einfache Wiederholung von drei verschiedenen Reimklängen abcabc verknüpft. Beliebter aber ist der **Schweifreim** aabccb, bei dem zwei Reimpaare durch ein aufgespaltenes drittes verklammert werden. Da die auf c reimenden Verse sich von den auf a und b reimenden meist durch die Kadenz, oft auch durch die Hebungszahl unterscheiden, ergibt sich eine Zweigliedrigkeit der ganzen Form, indem nämlich die letzten drei Verse die metrische Bewegung der ersten drei wiederholen (*Bunt sind schon die Wälder, / Gelb die Stoppelfelder / Und der Herbst beginnt! / Rote Blätter fallen; / Graue Nebel wallen, / Kühler weht der Wind!* Salis-Seewis).

Die genannten Reimordnungen werden bei größeren Versgruppen **vervielfacht**. Von der beliebten Reimpaarfolge aabbcc .. war schon die Rede. Durch Vervielfachung des Kreuzreims können acht- oder gar zwölfzeilige Gruppen (Strophen) entstehen (ababcdcd, ababcdcdefef). Eine Ordnung besonderer Art für repräsentative Gedichte in jambischen Fünfhebern ist der **Stanzenreim** abababcc : dreimal erscheint das Zeilenpaar ab . Die sich so in Stufen entfaltende Bewegung findet ihren gegengewichtigen Abschluß in dem klanglich abgesetzten Reimpaar cc .

Ebenfalls aus dem Italienischen stammt der **Terzinenreim**. Er verbindet nicht nur einzelne Verse (meist sind es jambische Fünfheber), sondern bereits dreizeilige Strophen, sogenannte Terzinen, und zwar so, daß das umarmende Verspaar der Folgestrophe jeweils auf den mittleren Vers der vorhergehenden reimt: aba bcb cdc .. Durch diese Reimverschränkung bilden die Dreizeiler in weiterdrängender Bewegung eine fortlaufende Kette, die erst dann zum Schluß kommt, wenn auf den Mittelvers der letzten Terzine, der ja sonst eine Waise bliebe, ein besonderer vierter Vers reimt, mit dem das Gedicht dann sinngewichtig endet: ... yzy z .

Damit ist schon eine Möglichkeit genannt, wie der Reim auch Strophen untereinander verbindet. Verse, die auf keine vorangehende Zeile der Strophe, wohl aber auf eine Zeile der folgenden Strophe reimen, nennt man **Körner**. Achten Sie im Reimschema auf solche Körner (k), die die Strophen miteinander verbinden. Meist stimmen solche Zeilen auch im Wortlaut überein. Man bezeichnet sie dann als **Kehrreim** oder Refrain. Sie können zwar auch am Anfang der Strophen (Anfangskehrreim z.B.: kabab kcdcd ...) oder gar im Innern auftreten (Binnenkehrreim z.B.: abkab cdkcd ...). Meist aber schließt der Refrain die Strophen gleichlautend und verkettet sie so miteinander (Endkehrreim z.B.: ababk cdcdk ...). Die Herkunft aus dem erzählenden Volkslied ist offenkundig. Der Vorsänger singt die neuen Verse vor, und der Chor antwortet jeweils mit dem gleichbleibenden Kehrreim. Auch im Kunstlied bringt der Refrain das verbindend Gleichbleibende zum Ausdruck: den Leitgedanken und das Grundgefühl.

3.14 Ist das Gedicht in Strophen oder Abschnitte gegliedert?

Entsprechend den Absätzen und Abschnitten eines Prosatextes zeigt sich auch bei einem Gedicht die äußere Gliederung im Druckbild. Wird eine solche Gliederung erkennbar, so ist zunächst zu prüfen, ob deren Teile **Strophen sind**. Echte Strophen haben nicht nur dieselbe Zeilenzahl, sie stimmen auch - von Ausnahmen (s. 3.12) abgesehen - im metrischen Schema, also Vers für Vers in der Anzahl der Hebungen, im Verseingang, in der Versfüllung und Kadenzfolge sowie in der Reimordnung überein. Der Interpret hat diese **Strophenform** zu verdeutlichen und ihre Relevanz für das Gedicht (Tradition und besondere Ausdrucksmöglichkeiten der Form) zu erhellen. (Eine Interpretationshilfe hierfür bietet das »Handbuch der deutschen Strophenformen« des Verfassers, München 1978.) Zuweilen werden in einem Gedicht auch zwei Strophenformen mit unterschiedlichem Ausdruckswert abwechselnd verwendet (z.B. Goethe *Der Zauberlehrling*).

Besteht ein Gedicht nicht aus Strophen, so sind die äußerlich erkennbaren Teile meist ungleich lange **Abschnitte** (die z. B. in Meyers Ballade *Die Füße im Feuer* aus 6, 13, 16, 9, 6, 7 und 14 Versen bestehen).

Bei einem gelungenen Gedicht darf man davon ausgehen, daß der äußeren Gliederung des Gedichts eine innere entspricht. So hätten Sie also im Fortgang der Interpretation zu untersuchen und darzulegen, ob und wie in den Strophen oder Abschnitten des Gedichts sein innerer **Aufbau** (s. 11.2) sichtbar wird.

4. WORTWAHL

4.1 Achten Sie auf den genauen Wortsinn.

Lyrische Wortwahl zeichnet sich durch genaue Beachtung des Wortsinns aus, weswegen bei der Entstehung und Überarbeitung eines Gedichts manche zunächst gewählten Wörter vom Dichter wieder verworfen und durch noch treffendere ersetzt werden. Um den genauen Sinn des vom Dichter gewählten Wortes zu erfassen, empfiehlt sich zuweilen die Umkehrung jenes Verfahrens, indem man ein Wort des Gedichts versuchsweise durch eines von gleicher Betonung, aber nur ähnlicher Bedeutung ersetzt und dann den Vers spricht. Bei einem guten Gedicht wird man nicht nur feststellen, daß das eingesetzte Wort nicht recht paßt, sondern was das Wort des Textes eigentlich bedeutet (z. B. in Heines *Belsazar*: *In stummer Ruh lag Babylon* und nicht etwa *In stiller Ruh*).

4.2 Entdecken Sie in dem Gedicht Wörter, die nicht zum allgemeinen Wortschatz unserer Hoch- und Schriftsprache gehören?

Mag es auch grundsätzlich schwierig sein, diesen Wortschatz zu umgrenzen, für die stilistische Beurteilung einer Dichtung bedürfen wir einer solchen Vergleichsmöglichkeit, um Besonderheiten als Abweichungen in den Blick zu bekommen. Gehen Sie also den Gedichttext sorgfältig durch, und notieren Sie solche Wörter und Wendungen, die offensichtlich nicht zum allgemeinen Bestand der deutschen Hoch- und Schriftsprache gehören. Ein Wörterbuch, das jeweils auch die sprachlichen Zuordnungen anzeigt (z. B. DUDEN. Das große Wörterbuch der deutschen Sprache in sechs Bänden. Mannheim/Wien/Zürich 1976/81), ist in Zweifelsfällen und zur Beantwortung der folgenden Fragen hilfreich. Über Herkunft, Bedeutungsvarianten und Wandel im Gebrauch eines Wortes informiert man sich durch Nachschlagen in einem etymologischen Wörterbuch (am umfassendsten im »Deutschen Wörterbuch« von Jacob und Wilhelm Grimm, Leipzig 1854/1969, Neudruck München 1984).

Ausweis schöpferischer Sprachkraft des Dichters sind anschauliche, von ihm neu gebildete Komposita (z.B. Goethe: *Lumpenhüllen, schlangenwandelnd, morgenschön*; Trakl: *Fieberschwärze, erinnerungsdunkel*; Celan: *Aschenblume, Atemwende*). Kontaminierte Wortformen und solche, die durch Umbauen des Wortmaterials entstanden, finden sich besonders in der modernen Lyrik (*kurzbrüstig* aus 'kurzatmig' und 'engbrüstig', *manitypistin stenoküre* aus 'Stenotypistin' und 'Maniküre' Enzensberger). Auf freiheitlichen Sprachgebrauch deuten Abweichungen von der regulären Wortform zur Wahrung des Metrums (*dú verwélkest áuch* Storm) oder zur Einhaltung des Reims (*jung:* / [...] *genung* Goethe).

4.3 Enthält das Gedicht Wörter aus Fach- und Sondersprachen?

Wo Wörter aus Fachsprachen wie z. B. der Botanik (*Da welker Artemisia* Lehmann) und der Physik (*Opfer des Ion - : Gamma-Strahlen-Lamm* Benn) vorkommen, da dringt der Dichter nicht nur in die Gegenstandsbereiche dieser Fächer ein, er stellt zugleich an den Leser den erhöhten Anspruch, sich in dieser Begriffswelt zurechtzufinden. Gibt er hierzu im Kontext keine Orientierungshilfen, so ist die esoterische Tendenz offenkundig: Er wendet sich an eine kleine Leserschaft mit Spezialwissen. Dies gilt entsprechend, wenn auch meist abgeschwächt, für die Verwendung von Ausdrücken aus Sondersprachen einzelner Berufe (wie z. B. der Seeleute und Jäger). Entlegene Namen und Begriffe sollen zumal in der modernen Lyrik assoziativ Vorstellungen wecken ('evozieren'). Als Interpret haben Sie in jedem Fall die Aufgabe, anhand von Fachwörterbüchern und Lexika die Bedeutung dieser Termini allgemeinverständlich zu erläutern.

4.4 Kommen regionalsprachliche oder mundartliche Ausdrücke vor?

In der Verwendung besonderer Ausdrücke einer Sprachlandschaft (z. B. österreichisch *Jänner* für *Januar*) kann sich die Herkunft des Dichters und seine Bindung an diese Landschaft verraten. Dies gilt zumal für mundartliche Ausdrücke. Häufiger aber ist solcher Sprachgebrauch - zumal in der wörtlichen Rede und in Rollengedichten (s. 1.10) - ein Mittel zur Charakterisierung des Sprechers

(*Ich baumle mit de Beene* Klabund, niederdeutsch der *Herr von Ribbeck: Und kam ein Mädel, so rief er: 'Lütt Dirn, / Kumm man röwer, ick hebb 'ne Birn'* Fontane).

4.5 Finden sich in dem Gedicht umgangs- oder vulgärsprachliche Wendungen?

Weicht der Dichter von der normalen Hoch- und Schriftsprache nach unten ab, so nähert er sich zunächst der mündlichen Umgangssprache mit ihrer saloppen, vertraulicheren Ausdrucksweise. Sie kann in der wörtlichen Rede den Sprecher charakterisieren (z. B. den Zöllner in Brechts *Legende von der Entstehung des Buches Taoteking* mit seiner Frage *Hat er was rausgekriegt?*). Außerhalb der wörtlichen Rede verwendet, geben umgangssprachliche Wendungen dem ganzen Gedicht einen saloppen Klang in vertraulicher Hinwendung zum Leser (Brecht in dem o. g. Gedicht: *Da kam plötzlich Fahrt in unsern Mann*). Diese Tendenz kann sich verstärken und vielleicht der Absicht entspringen, den Leser zu schockieren und aufzurütteln, indem Ausdrücke aus der Vulgärsprache verwendet werden (*Du mußt die Leute in die Fresse knacken* Ringelnatz, *Der diese Lake soff* Rühmkorf).

4.6 Enthält das Gedicht auffällig gehobene Ausdrücke?

Entsprechend ihrer Auffassung, daß Lyrik als verdichtete Sprachkunst eine gehobene Ausdrucksweise verlangt, haben Lyriker zu allen Zeiten Worte bevorzugt, die dem Alltagssprecher nicht auf der Zunge liegen, sondern die einem selteneren, gehobenen, besonders gepflegten oder gar feierlichen Sprachgebrauch angehören (z.B. *Aar* statt *Adler*, *Eiland* statt *Insel*, *Odem* statt *Atem*, *Zähre* statt *Träne*). Mag dem 'naiven' Leser eine solche Sprache auch besonders 'poetisch' erscheinen, eingedenk andersartiger Lyrikauffassungen hat der Interpret eine derartige Wortwahl als stilistische Eigentümlichkeit des von ihm untersuchten Gedichts festzustellen und an Beispielen deutlich zu machen (Uhland *Des Sängers Fluch* z. B.: *ein Schloß, so hoch und hehr, der blühende Genoß, verruchter Mörder*; George *Ihr hallen prahlend im reichen gewande*). Sowohl die Auslassung (Synkope) tonloser Vokale (*heil'ge* statt *heilige*) wie andererseits die Wahrung des inzwischen verstummten *e* in der Auslautsilbe (sog. 'poetisches Pedal': *höret, kommet, ruhet*) klingen altertümlich gewählt und erleichtern zugleich die Einhaltung des Metrums

4.7 Achten Sie auf nicht mehr geläufige Wörter, Wortformen und Wortbedeutungen.

Die Interpretation älterer Gedichte vom heutigen Sprachstand aus darf zwischenzeitliche Sprachentwicklungen nicht übersehen. Ältere Wortformen fallen ins Auge und lassen sich meist unschwer auf die heutigen beziehen (*gülden* = golden, *Adeler* = Adler, *Tulipan* = Tulpe, *itzund* = jetzt). Stoßen Sie auf Wörter, die heute nicht mehr allgemein verständlich sind (*Aussatz, Imme, Kartaune*), so müssen Sie deren Bedeutung erklären. Die meisten Schwierigkeiten bereiten jedoch Bedeutungsänderungen. Da erscheint ein Wort bereits in seiner heute geläufigen Form, hatte aber zur Entstehungszeit des Gedichts noch eine andere Bedeutung. Diese andere Bedeutung ist die eigentlich gemeinte. Weil aber auch die heutige an der Textstelle einen Sinn ergibt, gewahrt man die Bedeutungsänderung oft gar nicht und erliegt einem Verständnisirrtum. Dafür ein paar Beispiele: Das Adjektiv *schlecht* bedeutet ursprünglich nur 'schlicht', *blöde* nur 'schwach'. *Vergnüge dich an dir* rät Paul Fleming, meint damit aber kein 'Vergnügen' im heutigen Sinne, sondern ein 'Sichbegnügen'. *Wir dürfen nur gesellig sein* heißt es am Schluß von Gellerts Parabel *Der Blinde und der Lahme*. Das ist aber keineswegs einschränkend gemeint hinsichtlich einer Erlaubnis. Das Verbum *dürfen* hat hier noch den älteren Sinn von 'bedürfen', 'benötigen', 'brauchen'. Jener Vers gibt also einen tröstlichen Hinweis: 'Wir brauchen nur gesellig zu sein.' Und wenn Günther dichtet *Weil der Frühling währt*, dann hat die Konjunktion *weil* nicht wie heute eine kausale, sondern noch die ältere temporale Bedeutung von 'während'. Achten Sie daher besonders bei Gedichten vor 1700 sorgfältig auf leichte Unstimmigkeiten vom heutigen Wortverständnis her. Sie signalisieren vielleicht Bedeutungsänderungen. Schlagen Sie in Zweifelsfällen in einem etymologischen Wörterbuch nach (s. 4.2).

Zu unterscheiden von derartigen echten Altertümlichkeiten sind die künstlichen **Archaismen**, durch die spätere Lyriker ihren Gedichten einen altertümlichen Klang gaben, indem sie Ausdrücke verwendeten, die schon zu ihrer Zeit nicht mehr geläufig waren (z. B. Uhland in seiner Ballade *Der blinde König* : *Fechterschar, im bittren Harme*,

Hühnenschwert, der Skalden Preis u. ä.). Ob ein Wort zur Entstehungszeit des Gedichts schon veraltet war und seine Verwendung daher stilistisch als Archaismus zu bewerten ist, muß im Einzelfall anhand eines etymologischen Wörterbuchs geklärt werden (s. 4.2).

4.8 Kommen Ihnen Wendungen von anderen Texten her bekannt vor?

Oft schwierig zu erkennen, weil dies eine große Belesenheit des Interpreten voraussetzt, sind wörtliche **Entlehnungen** aus anderen Texten. Achten Sie also darauf, ob das Gedicht vielleicht Wendungen enthält, die Ihnen 'irgendwie' bekannt vorkommen, und wenn Sie eine solche entdecken, gehen Sie derem Ursprung nach. (Hilfe leisten hier Zitatenlexika oder die oft aufgelegten »Geflügelten Worte« von Georg Büchmann.) Entlehnungen aus einem älteren Sprachwerk zeigen nicht nur an, daß dieses dem Dichter besonders geläufig war, sie können auch auf eine geistige Anlehnung deuten. Zitathaft übernommene oder abgewandelte Wendungen aus der Bibel (insbesondere dem Psalter) und dem Kirchenlied findet man oft in der älteren Lyrik (Claudius: *Und alles dieses währet, / Wenn's hoch kommt, achtzig Jahr* - 90. Psalm: *Unser Leben währet siebzig Jahre, und wenn's hoch kommt, so sind's achtzig Jahre*). Anders zu beurteilen sind literarische Zitate im Gegensinn als Mittel der Kontrafaktur (s. 11.7).

4.9 Stellen Sie alle Verben des Gedichts in einer Liste zusammen.

Um die Seele eines Dichter zu durchschauen, muß man in seinem Werk diejenigen Worte aufsuchen, die am häufigsten vorkommen. Das Wort verrät, wovon er besessen ist. (Baudelaire)

Wir beginnen mit Verben. Gemeint sind nur die Vollverben (*kommen, schenken, fließen*) und nicht die Hilfsverben (*haben, sein, werden*) und Modalverben (*dürfen, können, sollen*). Es empfiehlt sich, die Verben nicht in der Personalform des Textes (*kommt, schenkt*), sondern in der Nennform (Infinitiv) zu notieren (*kommen, schenken*).

Was geschieht in dem Gedicht? Verben bezeichnen Tätigkeiten, Handlungen, Vorgänge oder Zustände. Diese treten also in den

Blick, wenn wir uns nur die Verben ansehen. Wir vergegenwärtigen uns die besondere Art der Tätigkeiten, Vorgänge oder Zustände, wenn wir die Verben nach Bedeutungsgruppen und Aktionsarten ordnen.

4.10 Welche Bedeutungsgruppen und Aktionsarten der Verben dominieren?

In einfachster Weise kann man drei Bedeutungsgruppen von Verben unterscheiden (vgl. DUDEN-Grammatik. [4]Mannheim 1984, S. 92f.): **Tätigkeitsverben** (*rufen, helfen*) bezeichnen ein Tun, eine Tätigkeit, eine Handlung, was immer ein Subjekt voraussetzt, das diese Tätigkeit ausführt, und bei einer Handlung auch ein Objekt, auf das diese abzielt. **Vorgangsverben** (*fallen, gesunden*) bezeichnen Vorgänge und Veränderungen, die sich an einem Subjekt vollziehen. **Zustandsverben** (*leben, liegen*) bezeichnen jeweils den Zustand, das Bleibende und Dauernde eines Subjekts. Beispielsweise sind - mit Ausnahme des letzten - alle Verben in Goethes Gedicht *Frühzeitiger Frühling* Tätigkeitsverben (*kommen, schenken, fließen, wimmeln* usw.); alles in der Natur ist unablässige, aktive Tätigkeit. Im Gegensatz dazu würde eine Dominanz von Vorgangsverben passiv Prozeßhaftes, von Zustandsverben Aussagen über Seiendes und Bleibendes anzeigen. Da an dessen Bezeichnung aber eher Substantive und Adjektive beteiligt sind (s. 4.11 u. 19), gehören die meisten Verben zu den Tätigkeits- und Vorgangsverben. Für sie bietet sich die besondere Unterscheidung nach **Aktionsarten** an, d. h. nach der Art und Weise, wie das Geschehen verläuft.

Den Beginn eines Geschehens bezeichnen **inchoative** Verben (*aufstehen, entflammen*), **resultative** dagegen das Ende (*zerbrechen, verbrennen*). Vollzieht sich ein Geschehen momentan, mit ganz kurzer Dauer, so kommen **punktuelle** Verben in Betracht (*finden, stoßen*); **durative** Verben (*stehen, brennen*) hingegen drücken im Präsens das Andauern eines Geschehens aus. Die Verben in Heyms Gedicht *Der Krieg* z. B. spiegeln in ihren Aktionsarten inchoativ den Ausbruch, punktuell und durativ den unaufhaltsamen Fortgang und resultativ die vernichtende Gewalt der Katastrophe, also etwa inchoativ: *aufstehen* und *anheben*, punktuell: *fallen* und *fassen*, durativ: *tanzen* und *schreiten*, resultativ: *zerdrücken* und *austreten*. Ständige Wiederholungen - sie können Ausdruck besonderen

Bemühens wie auch der Vergeblichkeit sein - werden durch **iterative** Verben bezeichnet (*streicheln, krabbeln, flattern*). Verstärkend wirken **intensive** Verben (*horchen* zu *hören, schwenken* zu *schwingen*), mindernd dagegen und also nicht selten ironisch wirken **diminutive** Verben (*spötteln* zu *spotten, tänzeln* zu *tanzen, liebeln* zu *lieben*).

4.11 Stellen Sie alle Substantive des Gedichts in einer Liste zusammen.

Substantive (Nomina) benennen Seiendes, also Menschen und andere Lebewesen, Dinge und Begriffe. Mit der Wahl der Substantive hat der Dichter den Bestand des Seienden für sein Gedicht bestimmt. Es ist, wie die Liste zeigt, durch jene Wahl ein ganz besonderer Bestand. Seine Eigentümlichkeit wird uns noch deutlicher, wenn wir die Substantive nach ihren Bedeutungen gruppieren.

4.12 Welche Abstrakta kommen darin vor?

Substantive benennen entweder etwas Gegenständliches, sinnlich Wahrnehmbares, konkret Seiendes (Menschen, Tiere, Dinge); dann sind es **Konkreta**. Oder sie benennen Gedachtes (Vorstellungen, Vorgänge, Zustände, Verhältnisse, Begriffe), also nur gedanklich Seiendes; dann sind es **Abstrakta**. Suchen Sie aus der Liste aller Substantive des Gedichts die Abstrakta heraus! Ein hoher Anteil von Abstrakta ist kennzeichnend für Gedankendichtungen, in denen es weniger um die Wiedergabe sinnlicher Eindrücke und Erfahrungen als vielmehr um die Darstellung von Ideen und Reflexionen geht. So sind z. B. die Substantive in Flemings Sonett *An sich* ausnahmslos Abstrakta (*Glück, Neid, Leid, Verhängnis* u. a.), da hier gemäß einem Weltbild eine bestimmte Lebenshaltung proklamiert wird. Stellen Sie für das von Ihnen interpretierte Gedicht fest, zu welchen Sinnbereichen die Abstrakta gehören. Wiederholungen deuten ggf. auf weltanschauliche **Leitbegriffe**.

4.13 Welche Wesen und Dinge bilden den konkreten Hauptbestand?

Gruppieren Sie die Konkreta nach **Sachbereichen**. Solche können sein: Natur und Landschaft, Tiere und Pflanzen, Mensch und Gesellschaft, Bauten und Stätten, Handel und Verkehr usw. Der jeweilige Bestand läßt meist erkennen, welche Sachbereiche für die Gruppierung geeignet sind, so daß die dominierenden in der Interpretation bezeichnet werden können. Goethes Gedicht *Frühzeitiger Frühling* z. B. enthält nur wenig Abstrakte und auch diese haben noch konkrete Bezüge oder meinen positive Empfindungen (*Tage der Wonne, Frische, Höhe, Kraft, Bewegung*). Es überwiegen die Konkreta zur Bezeichnung von Dingen und Wesen in der Landschaft und belebten Natur (*Sonne, Hügel, Wald, Bächlein, Fische* usw.); ein reicher Bestand tut sich in immer neuen Benennungen auf. Auch dies ist ein interpretatorischer Befund: ob alle Substantive verschieden sind oder einige wiederholt werden.

4.14 Treten Substantive gehäuft oder in Zusammensetzungen auf?

Eine andere Untersuchung gilt der Bildungsweise und Funktion der Substantive. Da die Leistung dieser Wortart in der Benennung von Seiendem besteht, bewirkt ein Vorrang des Substantivs (Nomens) eine stärkere Nominalisierung der Sprache und also eine Dominanz des Gegenständlichen und Zuständlichen in der Erfassung der Welt. Auffällig ist die Häufung (Akkumulation) von Substantiven (*Nun ruhen alle Wälder, / Vieh, Menschen, Städt' und Felder* Gerhard, *Ich bin nur Flamme, Durst und Schrei und Brand* Trakl). Fehlende Verben lassen die Substantive hervortreten (*Astern - schwälende Tage, / alte Beschwörung, Bann* Benn). Genitivkonstruktionen rücken sie zusammen (*des Schicksals Eifersucht* Günther). Nominalisierendes Gewicht besitzen insbesondere Substantivkomposita, bei denen Eigenschaften und Umstände von Dingen und Vorgängen durch angefügte Substantive - manchmal recht eigenwillig - nominal bestimmt werden (*Farben-Spiegel-Blick* Greiffenberg, *Knabenmorgen-Blütenträume* Goethe).

4.15 Dienen zahlreiche Substantive zur Bezeichnung von Tätigkeiten und Vorgängen?

Da die Bezeichnung von Tätigkeiten und Vorgängen die eigentliche Leistung von Verben ist (s. 4.9), läßt sich eine Tendenz zur Nominalisierung feststellen, wenn der Dichter für diese Aufgabe in erhöhtem Maße Substantive verwendet hat. Wie ausgeprägt diese Tendenz ist, kann nur im Vergleich festgestellt werden. Achten Sie aber insbesondere auf Substantivierungen und substantivische Ableitungen von Verben (Goethe *Elegie*: *Wiedersehen, Zweifeln, Hoffen, Verlangen, Bestreben, Anschaun* usf.).

4.16 Dienen zahlreiche Substantive zur Bezeichnung von Eigenschaften?

Da es die eigentliche Leistung von Adjektiven ist, Eigenschaften zu bezeichnen und so Wesen und Dinge näher zu bestimmen (s. 4.19), zeigt sich gleichfalls eine Tendenz zur Nominalisierung, wenn auch für diese Aufgabe ausgiebig Substantive verwendet werden. Achten Sie daher ebenso auf Substantivierungen und stubstantivische Ableitungen von Adjektiven wie etwa bei Farben (George *Komm in den totgesagten park*: *unverhofftes blau, das tiefe gelb. das weiche grau*) oder seelische Qualitäten (*Daß das Schöne und Berückende [...] das Köstliche, Entzückende* Hesse).

4.17 Verwendet der Dichter Diminutivformen?

Eine beliebte Modifizierung des Substantivs ist die Verkleinerung durch die Suffixe *-chen* und *-lein*. Derartige Diminutiva passen nicht nur zum Kleinen oder Winzigen (Zwergenwelt in Goethes *Hochzeitlied*: *Schlösselein, Gräflein, Plätzchen*). Sie klingen anheimelnd und zärtlich. So finden sie sich in Liebesgedichten (Jacobi *Abend*: *Liebchen, Wölkchen, Plätzchen*), in der Anrede an Kinder (Bergengruen *Kaschubisches Weihnachtslied*: *Kindchen, Bettchen, Schuhchen*) und in der Selbstanrede (*Augen, meine lieben Fensterlein, / [...] wie zwei Sternlein* Keller). Ausgiebiger Gebrauch von Diminutiva wirkt leicht gekünstelt.

4.18 Achten Sie auf den Gebrauch der Artikel.

Mit dem bestimmten Artikel (im Singular und Plural) wird das Benannte als Bestimmtes, bereits Bekanntes und Identifiziertes bezeichnet bzw. dem Leser als solches vorgestellt (*Die Herrlichkeit der Erden* Gryphius, *Was bedeutet die Bewegung* Goethe, *Komm in den totgesagten park* George). Der unbestimmte Artikel (im Singular) dagegen weist das Benannte als noch Unbestimmtes, noch nicht Identifiziertes, als Neues und Unbekanntes aus (*Auf einem Pferdemarkt* Schiller, *Ein Tännlein grünet wo* Mörike, *Ein Wort, ein Satz* Benn). Artikellosigkeit (im Singular) kann individualisierend wirken, daher auch in der Anrede (*Glück der Engel, wo geblieben?* Jacobi), generalisierend (*Liebe läßt sich suchen* Tieck) oder auch verknappend (*Knabe sprach* [...] *Röslein sprach* Goethe). Tatsächlich sind die Unterschiede noch differenzierter. Für den Interpreten ist vor allem solcher Gebrauch des Artikels interessant, der von der allgemeinen Sprachnorm abweicht. Vielleicht versuchen Sie auch einmal, durch probeweises Vertauschen den besonderen Ausdruck einzelner Textstellen herauszuhören, z. B. durch versuchsweise Einfügung (*Der Frühling läßt* statt *Frühling läßt sein blaues Band* Mörike) oder Vertauschung der Artikel (*Ein Fräulein* statt *Das Fräulein stand am Meere* Heine).

4.19 Stellen Sie alle Adjektive in einer Liste zusammen.

Dazu gehören auch die attributiv und prädikativ verwendeten Partizipien. Adjektive bezeichnen die Merkmale und Eigenschaften von Wesen, Dingen und Vorgängen. Sie geben an, wie etwas ist oder vor sich geht. Adjektive sind Stellungnahmen: Sie lassen uns wissen, wie der Dichter das Gemeinte sieht und beurteilt. Ihre Untersuchung kann daher interpretatorisch recht aufschlußreich sein.

4.20 Enthält das Gedicht viele Adjektive?

Ein hoher Anteil von Adjektiven in der Wortmenge des Gedichts verrät die Tendenz zu einer qualifizierenden, auch die besondere Art und Weise der Erscheinungen berücksichtigenden Welterfassung: nicht nur das Was, sondern auch das Wie ist wichtig. Natürlich kann man dies nur aus dem Gedichttext selbst und womöglich durch Vergleich mit anderen belegen. Obwohl es begreiflicherweise hierfür keinen festen Maßstab gibt, kann doch ein Anteil von mehr als zehn Adjektiven auf hundert Textwörter als Hinweis auf jene Tendenz gelten.

4.21 Welche Qualitätsbereiche dominieren?

Wie bei der Auswertung der Listen der Verben und der Substantive (s. 4.10, 4.12f.) sind auch die Adjektive des Gedichts nach ihren Bedeutungen zu gruppieren. Welche Merkmale und Eigenschaften der von ihm genannten Wesen, Dinge und Vorgänge sind dem

Dichter besonders wichtig? Welche Qualitätsbereiche dominieren also bei den Adjektiven: sinnlich Wahrnehmbares (Anzahl, Größe und Gewicht, Lage und Bewegung, Stoff und Beschaffenheit, Temperatur, Helligkeit und Farbe, Klänge und Geräusche, Geruch und Geschmack), Gefühlswerte, seelische oder geistige Qualitäten usw.? So dominieren beispielsweise in dem *Herbstlied* von Salis-Seewis die bunten Farbwerte (*bunt, gelb, rot, purpurfarbig*), in dem *Herbstentschluß* von Lenau bei den Adjektiven dagegen die dunklen Gefühlswerte (*trübe, einsam, welk, still, verlassen, todeskühl*).

4.22 Entdecken Sie schmückende Beiwörter?

Nach einer aus der Antike bis in die Neuzeit reichenden Tradition ziemt es sich für den Dichter, Nomina mit passenden 'Beiwörtern' zu versehen. Das attributiv verwendete 'schmückende' Beiwort (epitheton ornans) hat also nicht die Funktion, das Substantiv in seiner Bedeutung zu präzisieren, sondern gleichbleibend 'poetisch' als Wort der Dichtersprache auszuzeichnen. Gemäß einem geläufigen Register ergeben sich stereotype Attributierungen (*goldene Sonne, silberner Mond, bunte Blumen, frischer Tau, rote Lippen, muntere Schalmeien, tapfere Helden*) von nur ornamentivem, aber ohne informativen Wert. Vielleicht folgt der Verfasser des von Ihnen untersuchten Gedichts bewußt oder auch unbewußt dieser Tradition. Prüfen Sie daher, ob die attributiv verwendeten Adjektive die Bedeutung des jeweiligen Stubstantivs erkennbar präzisieren oder als schmückendes Beiwort nur bekräftigen.

4.23 Dienen die Adjektive einer neutralen Charakterisierung oder wertenden Beurteilung?

Von den nicht bloß schmückenden Adjektiven erwarten wir, daß sie die benannten Wesen, Dinge und Vorgänge näher charakterisieren. Nun erfolgt solche Bestimmung ja immer von dem Standpunkt des Dichters aus, ist also stets eine Stellungnahme und notwendigerweise subjektiv. Gleichwohl gibt es graduelle Unterschiede. Das eine Gedicht verrät das Bemühen des Dichtes um eine möglichst neutrale Charakterisierung der Wesen, Dinge und Vorgänge. Sie sollen so erscheinen, wie sie unabhängig von dem Sprecher sind (Rilke *Der Panther: Der <u>weiche</u> Gang <u>geschmeidig starker</u> Schritte*). Das andere Gedicht zeigt deutlich die Tendenz des Sprechers, das jeweils Gemeinte aus seiner Sicht wertend zu beurteilen (Brecht *An die Nachgeborenen*: *Wirklich, ich lebe in finsteren Zeiten! / Das arglose Wort ist töricht. [...] die furchtbare Nachricht*). Je nach der Wahl charakterisierender oder wertender Adjektive kann der Interpret solche Intentionen feststellen und daraus die dem Gedicht zugrundeliegende Sehweise bestimmen.

4.24 Werden Adjektive gesteigert?

Die Sprache gibt uns die Möglichkeit, Eigenschaften auch dem Grade nach zu bezeichnen. Das wichtigste Mittel der Gradation ist die Steigerung. Zu der normalen Grundform des Adjektivs (*schön*) kann der Komparativ (*schöner*) gebildet werden. Dieser basiert zunächst auf einem Vergleich von Wesen und Dingen hinsichtlich derselben Eigenschaft (*Schön ist, Mutter Natur, deiner Erfindung Pracht / Auf die Fluren verstreut, schöner ein froh Gesicht* Klopstock). Seit Klopstock findet sich der Komparativ in der Lyrik aber auch als Mittel der Verstärkung, wobei die zweisilbigen Endungen daktylischer Versgestaltung (s. 3.7) entgegenkommen (*Jede blühende Brust schöner und bebender* Klopstock). Adverbial bezeichnen Komparative interpretatorisch bemerkenswerte Progressionen (*Reichlicher fließen [...] Mächtiger rühret* Goethe, *kecker rauschen die Quellen* Mörike). Logisch besagt der Superlativ, daß ein Wesen oder Ding im Vergleich mit mehreren anderen die gleiche Eigenschaft im höchsten Grade besitzt (*am schönsten*). Zumeist aber dient der Superlativ (als sog. Elativ) dazu, von einer Eigenschaft einen sehr hohen Grad anzugeben (*liebster Schatz, tiefstes Leid*). Anstelle der Steigerungsformen oder diese noch ergänzend finden sich oft besondere Gradangaben (*sehr / überaus / ungemein schön, wunderbildschön, noch / viel / wesentlich schöner, die allerschönste*). Zeigt das von Ihnen untersuchte Gedicht derartige Tendenzen zur Steigerung oder gar Übertreibung (Hyperbolik) des Ausdrucks (*riesig, schrecklich, mords-, teufels-*)? Oder bezeugen mindernde Gradangaben (*kaum, minder, weniger*) im Gegenteil eine Tendenz zur Ausdrucksdämpfung?

4.25 Werden zahlreiche Partizipien attributiv verwendet?

Da Adjektive feste Eigenschaften bezeichnen, verstärken sie im Satz (s. 4.20) zusammen mit den Substantiven (Nominalstil s. 4.14) die statische Komponente, wogegen Vollverben die dynamische zur Geltung bringen. Diese Gewichtung kann sich zugunsten der Dynamik verlagern, wenn infinitive Verbformen, nämlich Partizipien als Attribute, verwendet werden. Und auch hierbei gilt es noch zu unterscheiden. Während die Perfektpartizipien freilich nur an die verbale Bewegung erinnern, da sie hier schon zu Ende gekommen ist (*gelesen, entflohen*), dauert sie in den Präsenspartizipien noch an. Sie sind es darum vor allem, die der lyrischen Sprache sogar durch Attribute mehr Bewegung geben (*Mitten im Schimmer der spiegelnden Wellen* [...] *der wankende Kahn* [...] *im errötenden Schein* [...] *der wechselnden Zeit* F. L. v. Stolberg). Die Vorliebe für solche dynamischen Partizipien verleitet zuweilen zu unlogischen Attribuierungen (*mit wanderndem Stab* Schiller).

4.26 Bleiben Adjektive bei Substantiven unflektiert?

Bei attributivem Gebrauch steht das Adjektiv im Neuhochdeutschen normaler Weise flektiert vor dem Substantiv. Fehlende Flexionsendungen klingen volkstümlich und sind metrisch oft bequem. Man findet sie meist vor Neutra (*Singt ein flüsternd Wiegenlied* Brentano, *Was ist das für ein durstig Jahr* Uhland, *Ein fröhlich Herz* Baumann), auch bei Komparativen (*Kein schöner Land* Volkslied), seltener aber bei Maskulina (*War einst ein Riese Goliath, / gar ein gefährlich Mann* Claudius). Weil das unflektierte Adjektiv in der Stellung nach dem Substantiv noch in der mittelhochdeutschen Dichtung geläufig war (*der degen guot*), erhielt sich diese Freiheit im Volkslied (*Es ist ein Ros entsprungen / [...] Aus einer Wurzel zart, Ein Vöglein klein*), wurde von den Dichtern des Sturm und Drang wieder aufgegriffen (*Röslein, Röslein, Röslein rot* Goethe, *Ein Mädele jung* Lenz) und wegen ihres volkstümlich-altertümlichen Klanges von den Romantikern genutzt (*O Täler weit, o Höhen* Eichendorff, *Bei einem Wirte wundermild* Uhland, s. 5.4).

4.27 Verknüpfen Adjektive ganz verschiedene Vorstellungsbereiche?

Überlicherweise haben attributive Adjektive ja die Funktion, das Bezugswort durch Angabe einer besonderen Eigenschaft genauer zu bestimmen (s. 4.23). Sie gehören also demselben oder einem naheliegenden Vorstellungsbereich an (*dunkle Nacht / zottiger Bär*).

Nun ist es charakteristisch für die moderne Lyrik, daß Attribute Angaben machen, die gar nicht zu dem Bezugswort zu passen scheinen, weil sie einem gänzlich verschiedenen Vorstellungsbereich entstammen (*zottige Nacht* Bachmann). Solche Verknüpfungen verwirren leicht (*eine zögernde Stunde* Benn, *das ängstliche Gras* Britting, *mathematisches Entzücken* Krolow) und gehören als Oxymora *(schwarze Milch)* einer erst zu enträtselnden Bildlichkeit an (s. 7.6). Aber dies gehört zur Funktion solcher Verknüpfungen. Als Interpret müssen Sie derartige Verschiedenartigkeiten unter Angabe der Vorstellungsbereiche zunächst konstatieren, dann aber Vermutungen über Gedankenverbindungen und tieferliegende Sinnzusammenhänge anstellen und Deutungsmöglichkeiten vorschlagen.

4.28 Enthält das Gedicht Interjektionen?

Interjektionen (Ausrufewörter, Empfindungswörter) wie *ach*, *ei* und *oh* geben den Empfindungen des Sprechers augenblicklich unmittelbaren Ausdruck. Sie werden unverbunden in die Rede eingefügt, wobei ihre an sich weite Bedeutung (*ach* z. B. Überraschung, Glück, Schmerz) dann durch die Sprechsituation im Kontext festgelegt wird. Ein Sprechen aus dem Affekt bevorzugt Interjektionen. So finden wir sie in der Umgangssprache und Mundart, aber auch in der Lyrik. Da gibt es einmal affektisch expressive Interjektionen als **Ausrufe** zum Ausdruck der augenblicklichen Empfindung des Ichs in einer bestimmten Situation (s. 1.5) oder aus innerer Veranlassung (s. 1.6). Beispielhaft sind die erschrockenen und dann ängstlichen Ausrufe des *Zauberlehrlings* in Goethes Gedicht: *Ach, ich merk es! Wehe! wehe! / Hab ich doch das Wort vergessen! / Ach, das Wort, worauf am Ende / Er das wird, was er gewesen. / Ach, er läuft und bringt behende! / [...] Ach! und hundert Flüsse / Stürzen auf mich ein.* Da gibt es zum andern intentional adressierte Interjektionen in **Anrufungen**, etwa im selben Gedicht scheltend und drohend: *Oh, du Ausgeburt der Hölle! [...] Gleich, o Kobold, liegst du nieder.* Zumeist aber drückt das *oh* eine positive Hinwendung aus (*O Haupt voll Blut und Wunden* Gerhardt, *Willkommen, o silberner Mond* Klopstock, *O Täler weit, o Höhen, / O schöner, grüner Wald* Eichendorff, *Noch unverrückt, o schöne Lampe* Mörike). Klangmalerei bestimmt den Ausdruckswert vieler Interjektionen, z. B. das freudige *Ei (Ei, nun* *will ich in sanfter Ruh* Zesen), das erschrockene *Ha (Ha! ich seh das Nachtgefieder* Schubart) und das unheimliche *Hu, hu, es bricht wie ein irres Rind* Droste-Hülshoff). Dem Interpreten signalisieren Interjektionen ein vom Gefühl bestimmtes Sprechen. Dabei sollte er aber bedenken, daß den älteren Dichtern - insbesondere der Empfindsamkeit und der Goethezeit - die Einfügung solcher Empfindungswörter viel leichter fiel als den Lyrikern der Moderne (s. 5.2).

5. SATZBAU

5.1 Wo führt die Satzbewegung über das Ende einer Verszeile hinaus in die folgende hinein?

Einheit des Versbaus ist der **Vers**; Einheit des Satzbaus ist der **Satz**. Wo der Satzbau dem Versbau genau folgt, ist jeder Vers ein Satz. Diese **Übereinstimmung** im spannungslosen Gleichmaß wird am sinnfälligsten bei einer Folge einfacher, kurzer Sätze (*Ein Fischer saß im Kahne, / Ihm war das Herz so schwer, / Sein Lieb war ihm gestorben, / Das glaubt er nimmermehr.* Brentano). Übereinstimmung gewahren wir aber auch dort, wo mit dem Vers nur ein Teilsatz oder ein abgetrenntes Satzglied endet (*Wer in die Fremde will wandern, / Der muß mit der Liebsten gehn* Eichendorff, *Zu Aachen in seiner Kaiserpracht, / Im altertümlichen Saale* Schiller). Sichtbar wird die Satzteilung durch ein Interpunktionszeichen am Zeilenende.

Wo jedoch die Satzbewegung über das Ende einer Verszeile hinaus in die folgende führt, wird der Vers als Einheit übergangen - man spricht vom **Enjambement** (Versbrechung, Zeilensprung) -, und es entsteht eine Spannung zwischen Versbau und Satzbau: Die Versgrenze mit ihrer kurzen Sprechpause läßt eine Satzgrenze erwarten, doch die Satzbewegung verlangt pausenlosen Fortgang. Das Enjambement ist weniger deutlich, wo der Satz mit dem einen Vers enden könnte und grammatisch entbehrliche Satzglieder folgen (*Nun danket alle Gott / Mit Herzen, Mund und Händen* Rinckart). Es ist um so auffälliger, wo der folgende Vers ein notwendiges Satzglied bzw. noch fehlendes Wort bringt (*Vor seiner Hütte ruhig im Schatten sitzt / Der Pflüger* Hölderlin, *Die Welt - ein Tor / Zu tausend Wüsten* Nietzsche) oder wo kurz vor dem Versende eine Satzgrenze eine Sprechpause verlangt (*Und der Engel trat ihn an: _ Bereite / Dich mir ganz.* Rilke). Bei der Beurteilung ist auch die Verslänge zu berücksichtigen; denn kurze Verse machen Enjambements wahrscheinlicher als lange.

Man kann sich das Verhältnis von Satz und Vers in einem Gedicht übrigens dadurch gut **veranschaulichen**, daß man den Gedichttext so niederschreibt, daß jeder Satz eine Schreibzeile bildet, wobei man die Versgrenzen in den Zeilen graphisch markiert (etwa mit dem Schrägstrich /).

Das **Verhältnis** zwischen **Verszeilen mit und ohne Enjambement** ist eigentümlich für die Sprache des Gedichts. Eine hohe Übereinstimmung von Satz und Vers erweckt den Eindruck der Gleichmäßigkeit. Diese kann dem rüstigen Erzählgang entsprechen wie in Schillers *Der Ring des Polykrates*, wo dreiviertel aller Verse ungebrochen bleiben. Ihre Spannungslosigkeit kann Mattheit und Schwermut ausdrücken (wie in dem oben zitierten Lied Brentanos), aber auch bei fehlender inhaltlicher Begründung zur Monotonie entarten. Der Seelenlage des Liedes *Geh aus, mein Herz, und suche Freud* von Gerhardt entsprechend sind dort vier Fünftel aller Verse durch die Satzbewegung verbunden. Sinnfällig ist die Funktionalität des Enjambements, wo sie einem bewegten Geschehen entspricht wie z.B. in Schillers Ballade *Der Taucher* der Bewegung des Wassers (*mit des fernen Donners Getose / Entstürzen sie schäumend*) oder des in die Tiefe geworfenen Bechers (*von der Höh / Der Klippe, die schroff und steil / Hinaushängt*) oder wo die Diskrepanz von Versgrenze und Satzbewegung eine Trennung betont wie z. B. in Rilkes *Abschied* (*ein dunkles unverwundnes / grausames Etwas, das ein Schönverbundnes / noch einmal zeigt und hinhält und zerreißt*).

Je weniger Satzgrenze und Versgrenze zusammenfallen, je mehr Vers und Satz also divergieren, desto **unruhiger** wird das Gedicht. Diese Tendenz kann - wie nicht selten in der modernen Lyrik - den Vers überhaupt in Frage stellen und das Gedicht in die Nähe der Prosa rücken. In der Regel wird ein lebendiger Wechsel zwischen Einhalten und Überschreiten der Versgrenze die Sprachform des Gedichts rhythmisch gliedern. Als Interpret sollten Sie darum die Verteilung der Enjambements notieren und sich jeweils die Frage stellen, wo deren Fehlen Ruhe und deren Vorhandensein Bewegung anzeigen. In Goethes *Erlkönig* z. B. geht die Satzbewegung nur dort über die Versgrenzen hinaus, wo von den *nächtlichen Reihen* der Erlkönigstöchter die Rede ist (Vers 19/20 und 21/22). In Goethes *Maifest* hingegen ist die Satzbewegung so mächtig, daß sie sogar die Strophengrenzen überwindet und mehrmals vom letzten Vers der einen in den Anfangsvers der folgenden Strophe weiterdrängt (**Strophenenjambement**).

5.2 Enthält das Gedicht Ausrufe, Fragen, Wünsche und Aufforderungen?

Leicht feststellbar sind die Satzarten. Da der Aussagesatz, durch den das Gemeinte einfach bezeichnet wird, in der Regel dominiert, achten wir zunächst auf andere Satzarten. Es sind jene, durch die das lyrische Ich seine besondere Anteilnahme und Intention bekundet, erklärbar durch seine Situation und seelische Verfassung (s. 1.5, 1.6) und Richtung des Sprechens (s. 1.8f., 8.7). Formal dem Aussagesatz am nächsten steht der **Ausruf**esatz, in unverkürzter Form von jenem nur durch das die Intonation anzeigende Ausrufezeichen unterschieden (*Auch das Schöne muß sterben!* Schiller). Zumeist aber sind Ausrufe verkürzte Sätze (*Zwei Segel erhellend / Die tiefblaue Bucht!* C. F. Meyer), in kürzester Form bloße Interjektionen (s. 4.28). Vorangestellte Pronomina (*Wie herrlich leuchtet / Mir die Natur!* Goethe), bekräftigende Wörter (*Wirklich, ich lebe in finsteren Zeiten!* Brecht), Appositionen in Verbindung mit Interjektionen (*O heilig Herz der Völker, o Vaterland!* Hölderlin) verstärken den **Gefühlsausdruck**. Zu bestimmen wäre die Art des Gefühls (Freude, Zorn, Schrecken o. a.), die in dem Ausruf zum Ausdruck kommt. Manche Gefühle (z. B. Verwunderung, Überraschung, Ratlosigkeit) äußern sich in **Fragen** (*Was bedeutet die Bewegung?* Goethe, *Soll ich trinken oder küssen?* Gleim, *Was ist die Welt und ihr berühmtes Glänzen?* Hofmannswaldau), die - weil sie Antworten erwarten lassen - dem Gang des Gedichts Spannung geben. Keine Antwort wird auf die bekräfigend wirkende **rhetorische Frage** erwartet (*Wer zählt die Völker, nennt die Namen, / Die gastlich hier zusammenkamen?* Schiller). Verlebendigt kann eine Erzählung passagenweise in Fragen und Antworten aufgelöst werden, indem der Erzähler rhetorisch fragt und sogleich die Antwort gibt (*Wie heißt König Ringangs Töchterlein? / Rohtraut, Schön-Rohtraut. / Was tut sie denn den ganzen Tag, / [...] ? / Tut fischen und jagen.* Mörike). Konjunktivisch formulierte **Wünsche** sind sehr oft Ausdrücke unerfüllbaren Verlangens (*Ach wüßt ich doch den Weg zurück* Groth). **Aufforderungen**, sie seien Bitten, Einladungen oder Befehle, setzen Adressaten voraus, an die sich das Gedicht richtet (s. 1.8), und bestimmte Absichten (s. 1.9) des lyrischen Ichs (*Ach Liebste, laß uns eilen* Opitz, *Großer Bär, komm herab* Bachmann). Es empfiehlt sich, alle Ausrufe, Fragen, Wünsche und Aufforderungen des Gedichts bei der Untersuchung (z. B. durch farbige

Unterstreichungen) kenntlich zu machen. Haben sie gegenüber den Aussagesätzen einen hohen Anteil am Text, so ist dies nicht nur für die Emotionalität, sondern auch für den Stil des Gedichts, vielleicht sogar des Dichters und seiner Epoche (Barock, Empfindsamkeit, Sturm und Drang, Expressionismus) bezeichnend.

Aus dem **Wechsel der Satzarten** kann zugleich der innere Aufbau eines Gedichts ersichtlich werden. Goethes *Frühzeitiger Frühling* beginnt bewegt mit Fragen und Ausrufen (*Tage der Wonne, / Kommt ihr so bald? / [...] / Himmel und Höh!* V. 1 - 10). Den ruhigen Mittelteil bildet eine Folge beschreibender Aussagesätze (*Goldene Fische / Wimmeln im See. / [...] / Aber zum Busen / Kehrt er zurück.* V. 11 - 30). Das Gedicht schließt in Bitte, Frage und Ausruf wieder in der Gefühlsbewegung des Anfangs (*Helfet, ihr Musen, / [...] / Liebchen ist da!* V. 31 - 36).

5.3 Überwiegen einfache Sätze oder Satzgefüge?

Wir richten unser Augenmerk auf die Satzformen. Eine Folge **einfacher Sätze** kann der frohgemuten, schlicht beschreibenden Wiedergabe des Wahrgenommenen dienen wie in Gerhardts *Geh aus, mein Herz und suche Freud*: *Die Glucke führt ihr Völklein aus, / Der Storch baut und bewohnt sein Haus, / Das Schwälblein speist die Jungen.* Bedrückt konstatiert dagegen Gryhius in den *Tränen des Vaterlands* die zerstörenden Wirkungen des Krieges: *Die Türme stehn in Glut, die Kirch ist umgekehret, / Das Rathaus liegt im Graus, die Starken sind zerhaun.* Welche Stimmungslage und Geisteshaltung solch einfacher Satzformung zugrunde liegt, ist jeweils zu ermitteln. Eine genaue syntaktische Analyse hätte auch die Häufigkeit der Satzbaupläne zu untersuchen (vgl. hierzu die Übersicht in der DUDEN-Grammatik, [4]Mannheim 1984, S. 606-635). Daß die Folge einfacher Sätze - in ihrer Verbindung als **Parataxe** bezeichnet - gerade in ihrer Schlichtheit dichterisch sehr wirksam sein kann, beweist etwa das *Abendlied* von Claudius: *Der Mond ist aufgegangen, / Die goldnen Sternlein prangen / Am Himmel hell und klar; / Der Wald steht schwarz und schweiget, / Und aus den Wiesen steiget / Der weiße Nebel wunderbar.* **Hypotaxe** dagegen liegt vor, wo Hauptsätze mit abhängigen Gliedsätzen zu Satzgefügen verbunden sind. Da **Satzgefüge** es dem Sprecher erleichtern oder erst ermöglichen, die besonderen Umstände und logischen Beziehungen von Sachverhalten anzugeben, so wird der Satzbau um so hypotaktischer sein, wo eben dies die Absicht des Sprechers ist und es also um komplexe Sachverhalte und differenziertes Verständnis geht. Zu untersuchen wäre, welche Satzfügungen und dadurch mögliche Bestimmungen vorkommen bzw. dominieren, z. B. temporale (*Da ihr noch die schöne Welt regieret* Schiller), konditionale (*Wenn wackre Männer, die sich Ehre suchten* Claudius) oder finale (*Daß die Tugend auf der Erde* Gleim). Die Funktionen können dabei recht unterschiedlich sein. Relativsätze erscheinen bündig in Sentenzen (*Wer Großes will, muß sich zusammenraffen* Goethe), aber auch in weiten Bögen der Anrufung (*Wen du nicht verlässest, Genius, Der du von dem Himmel bist* Goethe). Der Dichter kann die Hypotaxe steigern durch den Bau von **Perioden**, indem er Gliedsätze unterschiedlicher Art und Ordnung zusammenfügt. Vorbild weitgespannter, Gedanken und Empfindungen breit entfaltender lyrischer Perioden waren Klopstocks Oden (z. B. *Der Lehrling der Griechen*). Jenseits dieser Tradition können indessen auch in der Lyrik Perioden wie Prosa geformt sein (*Die fischer überliefern daß im süden / Auf einer insel reich an zimmt und öl / Und edlen steinen die im sande glitzern / Ein vogel war der wenn am boden fussend / Mit seinem schnabel hoher stämme krone / Zerpflücken konnte* George).

5.4 Wo weicht der Satzbau von der üblichen Folge der Satzteile ab?

Zwar gestattet das Deutsche dem Sprecher manche Freiheiten in der Reihenfolge der Satzteile, doch gibt es durchschnittlich übliche Folgen, so daß Abweichungen auffallen und dabei ästhetisch signifikant werden können. Die begriffliche Fassung und Systematisierung solcher Abweichungen gehört traditionell zu den Aufgaben der Rhetorik und Poetik. Sie fallen dort unter den Oberbegriff **Inversion**, wenn auch oft im engeren Sinne darunter nur die Umstellung von Subjekt und Prädikat verstanden wird. Da Abweichungen von der durchschnittlich üblichen Folge unser Gefühl ansprechen, muß ein Interpret sie sich bewußt machen, um sie bezeichnen zu können. Lesen Sie sich darum das Gedicht laut vor. Wo Ihnen dann Ungewöhnliches am Satzbau auffällt, da machen Sie den Versuch, durch Umstellung der Satzglieder in eigener Formulierung die 'normale' Abfolge herzustellen. Durch solche Umstellproben und Umformulierungen gelingt es am zuverlässigsten, sich die Art der Abweichung deutlich zu machen.

Am stabilsten ist die **Stellung des finiten Verbums**. Grundsätzlich steht es im Wunsch-, Aufforderungs- und Fragesatz an erster, im Aussagesatz an zweiter und im Gliedsatz (Nebensatz) an letzter Stelle. Abweichungen von dieser Grundstellung sind also am ungewöhnlichsten. Das ist der Fall, wo in einem **Aufforderungssatz** das Finitum an die zweite Stelle rückt, weil etwa ein Akkusativobjekt vorangeht (*Mich liebe von ganzem Gemüte* Gellert) oder eine Raumergänzung (*Von des chimmernden Sees Traubengestaden her / [...] / Komm in rötendem Strahle* Klopstock). Seine Endstellung verliert das Finitum im abhängigen **Gliedsatz**, wenn ihm noch ein Satzglied folgt, wie nicht selten in der Lyrik des Barock (*Weil sich von mir weggewend't / Asteris, mein Firmament* Opitz). Beim **Aussagesatz** kann das finite Verb aus seiner obligaten Zweitstellung an die Spitze rücken bei Ausfall des unpersönlichen Subjekts *es* wie etwa im Volkslied (*Zogen einst fünf wilde Schwäne*) und Volksliedton (*Sah ein Knab ein Röslein stehn* Goethe); im Umkreis des Realismus findet man als besonderes Ausdrucksmittel den Verzicht auf die Abtrennung der Vorsilbe und normale Klammerstellung zusammengesetzter Verben (*Hinducket das Knäblein zage* Droste-Hülshoff, *Eintritt Gorm Grymme* Fontane, mit Vorliebe Meyer: *Aufsteigt der Strahl, Aufsprüht und zischt ein Feuermeer*). Endstellung des Finitums dagegen trifft man nicht selten in Schillers Balladen (*Zu des Königs Füßen sinkt, / [...] / Und der König der lieblichen Tochter winkt*).

In der Regel aber behauptet das finite Verb im Aussagesatz seine Zweitstellung. Da die erste Stelle - das **Vorfeld** - zumeist vom Subjekt besetzt wird, fallen andere Satzglieder hier auf. Für eine gefühlsbestimmte Sprache wird so das Vorfeld zur **Ausdrucksstelle**. Expressiv können vorangestellt werden: das Akkusativobjekt (*Dich sah ich, Gar schöne Spiele spiel ich mit dir* Goethe), Dativobjekt (*Dem Glück bezahlt ich meine Schuld* Schiller, *Dem Diener folgt er* Meyer), Genitivobjekt (*Des Leibes bist du ledig* Bürger), Präpositionalobjekt (*Nach den Monden frag ich nicht* Opitz), der Gleichsetzungsnominativ (*Freude heißt die starke Feder* Schiller), die Zeitergänzung (*Nicht mehr bleibest du umfangen* Goethe), häufiger die Raumergänzung (*Ans Haff nun fliegt die Möwe* Storm), die Artergänzung (*Gelassen stieg die Nacht ans Land* Mörike, *Hohl* *über die Fläche sauset der Wind* Droste-Hülshoff) und der sonst am Satzende stehende infinite Prädikatsteil (*Verhallen mag unser Gesang* Salis-Seewis, *Versunken ist der Tag im Purpurrot* Heym). So rückt das Subjekt stets hinter den finiten Prädikatsteil (Inversion). Am ungewöhnlichsten ist seine Stellung ganz am Ende von längeren Sätzen wie in manchen Balladen Schillers (*Ihm schenkte des Gesanges Gabe, / Der Lieder süßen Mund Apoll*). Das **Nachfeld** des Aussagesatzes nach dem Finitum nimmt in der Regel ja die Ergänzungen auf, wobei die Satzglieder mit dem höchsten Mitteilungswert meist am Ende, an der sogenannten **Eindrucksstelle** stehen (*Der Tropfen am Eimer / Rann aus der Hand des Allmächtigen auch!* Klopstock). Der lyrischen Sprache der Empfindsamkeit entstammt das Stilmittel, von gleichartigen und darum zusammengehörenden Satzgliedern eines **nachzutragen** und so die Satzbewegung zu stauen (*Immer dunkler wird die Nacht um dich / Und voller Segen!* Klopstock, *Sanft ist im Mondenscheine / Und süß die Ruh* Claudius, *Müßig sieht er seine Werke / Und bewundernd untergehen* Schiller, *Mit gelben Birnen hänget / Und voll mit wilden Rosen / Das Land in den See* Hölderlin).

Einige Besonderheiten sind bei der Stellung des Attributs zu beachten. Während das **adjektivische Attribut** im Mittelhochdeutschen vor oder nach dem Substantiv stehen konnte, vorangestellt flektiert und nachgestellt unflektiert, geht es im heutigen Sprachgebrauch dem Bezugssubstantiv grundsätzlich unmittelbar **voraus** und stimmt im Kasus mit diesem überein (*Kleine Blumen, kleine Blätter, / Streuen mir mit leichter Hand*); gelegentlich fehlende Flexionsendungen ([...] *auf ein luftig_ Band* Goethe) sind meist poetische Freiheiten zur Einhaltung des Versmaßes, sei es im asklepiadeischen Vers (*schöner ein froh_ Gesicht* Klopstock) oder im Trochäengang (*Holdes Bitten, mild_ Verlangen* Bretano). Die mittelalterliche Stellung unflektiert **nach** dem Substantiv bewahren noch Volkslieder (*Es ist ein Ros entsprungen / Aus einer Wurzel zart*) und Volksballaden (*Der Tannhäuser war ein Ritter gut*). In der Kunstlyrik wirkt sie archaisierend und deutet auf Anlehnung an die Volksdichtung, so im Sturm und Drang (*Röslein, Röslein, Röslein rot* Goethe, *Ein Mädele jung* Lenz) und in der Romantik (*O Täler weit* Eichendorff, *Bei einem Wirte wundermild* Uhland). Mehrgliedrigkeit gibt dem nachgestellten Adjektivattribut mehr Eigengewicht, und so finden wir flexionslose Attribute, die vom vorangehenden Substantiv durch ein Komma getrennt sind und in ihrer Stellung der Apposition entsprechen, in Gedichten aller Epochen (*Ein Jungfrau, schön und zart* H. Sachs, *Und ein Edelknecht, sanft und keck* Schiller, *Viel Blumen, schön und fein* Eichendorff, *Du süße Kehle, grün und irrend* Schaefer), in der neueren Lyrik auch eingliedrig (*Zärtlichkeiten, ungenau, / Greifen nach der Erde* Rilke. *Die Gräber, schneeverpackt, schnürt niemand auf* Bachmann). Wirken diese unflektierten Attribute gemäß ihrem Ursprung nach schlicht und genau, so klingen sie in flektierter Form sehr anspruchsvoll und weisen auf eine traditionell gehobene Dichtersprache. Entgegen dem üblichen Satzbau dem Substantiv nachgestellt und dessen Artikel meist wiederholend, erhöhen sie das Bezeichnete und machen es nicht selten apostrophierend zum Gegenstand feierlicher Anrede (*Alles geben die Götter, die unendlichen, ihren Lieblingen ganz* Goethe, *Ach! die Gattin ist's, die teure* Schiller, *O Hoffnung, holde! gütig geschäftige* Hölderlin).

Hinsichtlich der Wortfolge ist mit einer Besonderheit auch beim **Genitivattribut** zu rechnen. Im Unterschied zum Altdeutschen wird es heute in der Regel dem Bezugssubstantiv nachgestellt (*Und der Sohn des Wassers und der Erde* Goethe). Der Dichtersprache des Barock war die alte **Voranstellung** noch ganz selbstverständlich (*Der edlen Schönheit Gaben* Opitz, *Der frechen Völker Schar* Gryphius), wohl auch noch dem Rokoko (*Der Nachtigall reizende Lieder* Hagedorn) und den Dichtern der Empfindsamkeit (*des Ewigen Ehre [...] der Himmel unzählbare Sterne* Gellert). Spätestens mit der Goethezeit aber wurde sie zum bewußt gehandhabten Mittel einer gehobenen und das Bezeichnende erhebenden Sprechweise, wie sie besonders Schiller liebte und durch seine Balladen als 'poetisch' einprägte (*der Griechen Stämme, des Gesanges Gabe, der Leier zarten Saiten* usw.). Eben deswegen im späteren 19. Jahrhundert gemieden, findet sich die Voranstellung sparsamer und präzisierender wieder in der neueren lyrischen Formkunst (*der Glieder angespannte Stille* Rilke, *der Vögel wundervollen Zügen* Trakl, *der Steine Schlaf* Bobrowski). Von einer **Enallage** (Vertauschung) spricht man, wenn das beim folgenden Substantiv stehende Adjektiv eigentlich zum vorangehenden Genitivattribut gehört (*Den besten Becher Weins* Goethe, statt *Becher besten Weins*). Auffällig ist auch die als **Hyperbaton** bezeichnete Trennung syntaktisch zusammengehörender Wörter durch den Einschub eines anderen Satzglieds (*Da macht ein Hauch mich von Verfall erzittern* Trakl).

Aufgabe des Interpreten ist es nicht nur, Abweichungen von der üblichen Wortfolge zu konstatieren und begrifflich zu bezeichnen, er hat auch die möglichen Gründe hierfür zu erwägen und festzustellen. Diese können beispielsweise darin liegen, daß die Worte mehr dem Gang der Vorstellungen und Empfindungen folgen als den Regeln der Syntax. Die Emotionalität und Eigenwilligkeit solch assoziativen Satzbaus wäre durch Beobachtungen unter anderen Aspekten (Thematik, Entstehung, Wortwahl u. a.) zu bestätigen. Abweichungen können aber auch bewußt eingesetzte Stilmittel sein, um das Gedicht sprachlich zu 'verfremden' und damit ästhetisch abzuheben von der 'prosaischen' Alltagswirklichkeit. Diese Absicht müßte gleichfalls unter anderen Aspekten (Wortwahl, Klang, Bildlichkeit u. a.) erkennbar werden. Abweichungen können im Einzelfall aber auch lediglich durch das Versmaß begründet sein, dem der Dichter mit der üblichen Wortfolge nicht nachkommen konnte. Schließlich können sich diese und andere Gründe auch überlagern. Deutungen müssen immer auf das Erkennen von Zusammenhängen zielen, können aber oft nur Vermutungen sein. In der modernen Lyrik wird man die ungewöhnliche Anordnung von Satzgliedern und den Verzicht auf syntaktische Kohärenz (einschließlich der Interpunktion) als beabsichtigte 'Fragmentation' und 'Dislokation' sprachlicher Zusammenhänge auf der Suche nach neuen Gestaltungsweisen bewerten müssen.

5.5 Bemerken Sie Brüche in der Konstruktion der Sätze?

Die meist gehobene Verssprache mit ihren mannigfachen Abweichungen von der Alltagssprache läßt uns leicht, wenn wir Gedichte hören oder lesen, Verstöße gegen die Gesetze des Satzbaus übersehen. Diese mögen als poetische Freiheiten zu respektieren sein, zumal Sprachgesetze nicht bedingungslos gelten; als stilistische Besonderheiten müssen sie aber vom Interpreten konstatiert werden. Als Beispiel sei hier erinnert an Heines bekannte Verse : *Ich weiß nicht, was soll es bedeuten, / Daß ich so traurig bin; / Ein Märchen aus alten Zeiten, / Das kommt mir nicht aus dem Sinn.* Das dem einleitenden Hauptsatz fehlende Akkusativobjekt soll der folgende Gliedsatz bringen. Da in diesem das Finitum *soll* aber nicht, wie der deutsche Satzbau verlangt, am Ende steht (*was es bedeuten soll*), sondern am Anfang, entsteht ein selbständiger Fragesatz (*was soll es bedeuten?*). Wo - wie in diesem Fall - eine begonnene Satzkonstruktion nicht folgerichtig beendet, sondern abgebrochen wird und ein konstruktionsfremder Neuansatz folgt, spricht man von einem **Anakoluth** (Satzbruch). Zu solchen Satzbrüchen kommt es bei einem nachlässigen Sprachgebrauch, bei Erregung des Sprechers oder in unsicherer, zielloser Rede. Es fehlt an Achtsamkeit, Beherrschung oder Sicherheit, die begonnene Satzkonstruktion richtig durchzuführen; Gedanken und Empfindungen schlagen mitten im Satz eine neue Richtung ein. Wo der Anakoluth als Stilmittel eingesetzt wurde, ist nach dem Zweck zu fragen. Soll er Nachlässigkeit bekunden, eine traditionell poetische Redeweise verfremden, betont umgangssprachlich wirken, Erregung anzeigen oder - wie vielleicht in dem obigen Beispiel - Unsicherheit und Beklommenheit?

Heines anschließende Verse zeigen eine andere und geläufigere Art des Satzbruchs: *Ein Märchen aus alten Zeiten, / Das kommt mir nicht aus dem Sinn.* Der mit dem einleitenden Subjekt *Ein Märchen* beginnende Satz wird nach dem präpositionalen Attribut *aus alten Zeiten* abgebrochen, mit dem Pronomen *das* nochmals begonnen und nun erst prädidaktiv durchgeführt. Diese Art der Satzunterbrechung mit der Wiederaufnahme des Ansatzes bezeichnet man als **Prolepse**. Der Sprecher setzt erneut an, um den Satzbogen kurz zu halten; zugleich wird das einleitende Satzglied emphatisch herausgestellt. Prolepsen finden sich in der Alltagssprache und im Volkslied schon beim knappen Subjekt (*Mein Herz, das leit in Kummer*), häufiger aber bei einer längeren Raumergänzung (*Zu Straßburg auf der Schanz, / Da ging mein Trauern an*). In der Romantik erinnern sie an den Volksliedton (*In einem kühlen Grunde, / Da geht ein Mühlenrad* Eichendorff, *Am Brunnen vor dem Tore, / Da steht ein Lindenbaum* W. Müller). Bei erweiterten Satzanfängen werden Prolepsen meist den Zweck haben, das Verständnis des ganzen Satzes zu erleichtern, wenn ein Satzglied in der Ausdrucksstelle (s. 5.4) derart hervorgehoben wird (*Sieh, Herr, den Ring, den du getragen, / Ihn fand ich in des Fisches Magen* Schiller, *Die Seele, der im Leben ihr göttlich Recht / Nicht ward, sie ruht auch drunten im Orkus nicht* Hölderlin). Freilich können auch hier mehrere Zwecke zusammenkommen, darunter nicht zuletzt die

Einhaltung des Metrums (*Nur oben in des König Schloß, / Da flackert's, da lärmt des König Troß* Heine).

5.6 Fehlen Satzteile, und sind Sätze unvollständig?

Im Sprachgebrauch werden zuweilen Wörter und Satzteile weggelassen, die zwar grammatisch notwendig, inhaltlich aber entbehrlich sind. Der Hörer oder Leser kann sie sich aus dem Sinnzusammenhang leicht ergänzen. Derartige **Ellipsen** verkürzen die Rede, und zwar zunächst aus Gründen der sprachlichen Ökonomie wie in den Einwortsätzen (*Herein!*, *Geduld!*) und bei Hinweisen (*Rauchen verboten*). Verknappend wirkt in Versen der Fortfall des Artikels (*Wind ist der Welle / Lieblicher Buhler* Goethe, *Sommer hat mit leichter Hand / Laub der Pappel angenäht* Krolow). An den Volksliedton erinnert der zur Spitzenstellung des Verbums (s. 5.4) führende Ausfall des unpersönlichen Subjekts *es* (*Sah ein Knab ein Röslein stehn* Goethe, *Fliegen im Juni auf weißer Bahn / Flimmernde Monde vom Löwenzahn* Huchel). Aber auch andere pronominale Subjekte, die sich aus dem Kontext ergeben, werden verknappend weggelassen (*Trank nie einen Tropfen mehr* Goethe, *Freute sich des Tals noch einmal* Brecht), zumal in der Anrede (*Selig, wer sich vor der Welt / Ohne Haß verschließt* Goethe). Zeigen solche Ellipsen das Streben nach sprachlicher Konzentration ohne besondere Ausdrucksfunktion, so kann das Weglassen von grammatisch notwendigen Satzteilen andererseits auch aus Erregung geschehen oder mit besonderer Intention. Aussagesätze werden elliptisch zu Ausrufen (*Keine Luft von keiner Seite! / Todesstille fürchterlich!* Goethe, s. 5.2), Aufforderungen zu Befehlen (*In die Ecke, / Besen!* Goethe). Fehlende Subjekte und Verbalellipsen können sehr emphatisch wirken. Goethes Jugendlyrik ist hierfür beispielhaft, etwa mit dem Gefühl trotziger Auflehnung im *Prometheus* (*Ich dich ehren? Wofür?*, *Mußt mir meine Erde / Doch lassen stehn*) oder dem Ausdruck ungestümen Weiterdrängens in der Hymne *An Schwager Kronos* (*Nun schon wieder / Den eratmenden Schritt / Mühsam Berg hinauf. / Auf denn, nicht träge denn! / Strebend und hoffend an.*). Nach dem Sturm und Drang hat die Lyrik des Expressionismus wieder ausgiebig von diesem Ausdrucksmittel Gebrauch gemacht (*Verfluchtes Jahrhundert! Chaotisch! Gesanglos! Ausgehängt du Mensch, magerster der Köder, zwischen Qual Nebel-Wahn Blitz* Becher). Wo bei der Wiedergabe einer Rede oder eines Gedankens der Satz noch vor der eigentlichen Ausssage in der Erregung abbricht, spricht man von einer **Aposiopese** (*Drei Jahre sind's ... Auf einer Hugenottenjagd ... / Ein fein, halsstarrig Weib ...* Meyer).

Eine dritte Funktion der Ellipse - neben der verknappenden und der expressiven - hat in der neueren Lyrik eine immer wichtigere Bedeutung erlangt. Durch sie nämlich tritt an die Stelle der syntaktisch abgeschlossenen Aussage und Beurteilung die bloße, Assoziationen weckende Nennung. **Verblose Nominalsetzungen**, die gleichsam impressionistisch Eindrücke reihen, finden sich zwar schon im 18. Jahrhundert (*Der Mond in der Mitte, / Die Sternlein umher! / Der Himmel im glatten / Umdämmerten Quell!* Jacobi). Zum geläufigen Stilmittel werden sie aber erst in der Lyrik des 20. Jahrhunderts. Sie eröffnen das Gedicht (*Schwarze Himmel von Metall.* Trakl, *Wie Wintergewitter ein rollender Hall* Huchel) und unterbrechen dessen Satzfolge. Ergänzende Bestimmungen des Nomens werden meist nachgestellt (*Der Fliegenschnäpper, steinauf, steinab.* Lehmann, *Riesige Wesen, seherisch blind, / Behütet ohne Hürden* Loerke). Von Bedeutung ist in diesem Zusammenhang Gottfried Benns Auffassung vom Wort als *Chiffre* (Benn: »Probleme der Lyrik«). Vorstellungen 'beschwörend' wird das Nennwort von der folgenden Prädikation oft durch einen Gedankenstrich oder Doppelpunkt getrennt (*Astern - schwälende Tage, / Alte Beschwörung, Bann* Benn, *Drei Orangen, zwei Zitronen: - / Bald nicht mehr verborgne Gleichung* Krolow, *Ein Zapfen: eure Welt. / Ihr: die Schuppen dran* Bachmann).

5.7 Finden sich Worthäufungen?

Paul Gerhardts *Abendlied* beginnt: *Nun ruhen alle Wälder, / Vieh, Menschen, Städt' und Felder, / Es schläft die ganze Welt.* Statt nur eines Subjekts enthält der Einleitungssatz eine ganze Reihe. Eine derartige Häufung von Wörtern in gleicher syntaktischer Position bezeichnet man als **Akkumulation**. Was zusammengehört oder gar - wie im zweiten Satz mit dem Wort *Welt* - in einem Begriff zusammengefaßt werden kann, wird als Vielfalt einzeln bezeichnet. Worthäufungen bekunden das Bestreben, das jeweils Gemeinte in seiner Vielfalt und Fülle darzustellen. Sie finden sich oft in der Lyrik des Barock, denn sie eignen sich für ausgreifende Sprachgesten (*So bitt' ich Himmel, Lüft, Wind, Hügel, Hainen, Wälder, /*

Wein, Brunnen, Wüstenei, Saat, Höhlen, Steine, Felder / Und Felsen: sagt es ihr, sagt, sagt es ihr vor mich. Opitz). Worthäufungen spiegeln die Vielfalt von Erscheinungen (*Hier flötet, lockt und singet, / Dort zwitschert, schläget, ruft und pfeift / Der Vögel schnelle Schar* Brockes, *Mit Türmen, Linden, Burg und Tor, / Mit Rathaus, Markt und Kirchenchor* Keller). Freudige Erregung häuft preisende Anreden und emphatische Ausrufe (*Freude, Göttin edler Herzen! / [...] / Muntre Schwester süßer Liebe! Himmelskind! / Kraft der Seelen! Halbes Leben!* Hagedorn, *O Erd, o Sonne, / O Glück, o Lust* Goethe). Die Akkumulation ist ein beliebtes Ausdrucksmittel expressionistischer Lyriker (*Höhnisch, erbarmungslos, / Gnadenlos starren die Wände der Welt!* Werfel, *Ich bin gehirnlich heimgekehrt / Aus Höhlen, Himmeln, Dreck und Vieh* Benn).

Nun werden von den Gliedern einer Aufzählung üblicherweise die letzten beiden durch eine Konjunktion verbunden (*Reichtum, Geilheit, Stolz und Pracht* Weckherlin). Findet sich gar keine Konjunktion, sondern sind alle Glieder unverbunden gehäuft, so spricht man von einem **Asyndeton**. Die fehlende Verbindung isoliert die Glieder und macht die asyndetische Worthäufung besonders geeignet, Zusammenhanglosigkeit und Chaotik wiederzugeben (*Alles rennet, rettet, flüchtet* Schiller). Bei einem **Polysyndeton** dagegen sind alle Glieder durch Konjunktionen verbunden (*wie es von Salamandern und Molchen und Drachen sich regt* Schiller). Polysyndetische Häufungen verstärken den Eindruck der Zusammengehörigkeit (*Einigkeit und Recht und Freiheit für das deutsche Vaterland* Hoffmann v. Fallersleben) und suggerieren Unaufhörlichkeit (*Meine Töchter führen den nächtlichen Reihn / Und wiegen und tanzen und singen dich ein* Goethe, *Und es wallet und siedet und brauset und zischt* Schiller).

Findet man in einem Gedicht Worthäufungen, so empfiehlt es sich auch, die Reihenfolge oder Glieder daraufhin zu untersuchen, ob sie eine Ordnung erkennen läßt. Ein elementares Ordnungsprinzip ist die Steigerung. Als **Klimax** bezeichnet man eine Wortreihe in steigender Bedeutung (*Die von der großen Schuld der Zeiten / Minuten, Tage, Jahre streicht* Schiller), als **Antiklimax** eine Abstufung in fallender Bedeutung (*auf dem Throne, im Palaste, in der Hütte* Bürger, *Urahne, Großmutter, Mutter und Kind* Schwab). Eine im Barock und frühen 18. Jahrhundert nicht selten anzutreffende Stilfigur ist der **Wechselsatz** (versus rapportati), bei dem zwei

Häufungen so geordnet sind, daß ihre Glieder sich entsprechen und semantisch wie syntaktisch zusammengehören (*Gift und Glut, / Stahl und Flut / Ersticke, verbrenne, zerschmettre, versenke / Den falschen Verräter* Brockes).

5.8 Entdecken Sie Wortwiederholungen?

Die Wiederholung eines Wortes oder einer Wortgruppe in einem Satz - die sogenannte **Epanalepse** - ist das einfachste Mittel der Ausdruckssteigerung. Wiederholt wird unmittelbar (*Voran, voran, nur immer im Lauf* Droste-Hülshoff) oder in kurzem Abstand (*Schweig stille, mein Herz, schweig stille* Mörike). Eine alte Stilfigur ist der **Kyklos** mit der Wiederholung des Satzanfangs am Satzende (*Laß sausen durch den Hagedorn, / [...] laß sausen!* Bürger).

Als Interpret wird man sich zu fragen haben, was durch die Wiederholung zum Ausdruck kommen soll und warum keine anderen Wörter gewählt wurden. Im religiösen Bereich ist die Wortwiederholung biblisch vorgeprägt (*Heilig, heilig, heilig ist Gott der Herr* Offenbarung 4,8). Die Genitivverdopplung (*O aller Herren Herr* Gryphius) wurde in der barocken Mystik zur beliebten Potenzierungsformel (*Leben des Lebens, Wesen des Wesens* Scheffler). Emphatische Wiederholungen geben Behauptungen besonderen Nachdruck (*Der Mensch ist frei geschaffen, ist frei* Schiller). Bitten und Vorsätze klingen inbrünstig (*Komm, Davids Kind und Herr! Komm, übergroßer Gott!* Gryphius, *Gott! Gott! Gott! ist der Zweck, den sich mein Kiel erkoren* Greiffenberg). Die Übermacht des Gefühls ballt die Sprache in Goethes *Ganymed* (*Ich komme! Ich komme! / Wohin? Ach, wohin? / Hinauf, hinauf strebt's*). Die Wiederholungen im *Erlkönig* klingen im Munde des Kindes ängstlich (*Mein Vater, mein Vater, und hörest du nicht*), im Munde des Vaters dagegen beschwichtigend (*Sei ruhig, bleibe ruhig, mein Kind!*). In Bitten wirken sie beschwörend (*Fließe, fließe, lieber Fluß!* Goethe, *Singet leise, leise, leise* Brentano). So fehlen sie auch in keiner Zauberformel (*Walle! walle / Manche Strecke* Goethe). In einprägsamer Monotonie sind sie kennzeichnend für Reklame (*ohne sorge sei ohne sorge* Bachmann). Meist ist die Funktion der Wiederholung aus dem Sinnzusammenhang ersichtlich (*Es heißt: Das Alter soll man ehren ... / Das ist mitunter, das ist mitunter, / das ist mitunter furchtbar schwer.* E. Kästner). Wo wo keine solche Funktion erkennbar ist, muß man mit der Möglichkeit rechnen, daß die Wortwiederholung nur ein Behelf war, das vorgegebene Metrum zu füllen (*Ich hab, ich habe Herzen Dach, Mit, mit zum Brautgelage!* Bürger).

Wo in einem Text einzelne Wörter oder Wortgruppen in benachbarten Sätzen wiederkehren, da bewirkt diese Wiederholung nicht nur eine Hervorhebung des Wortsinns, sondern auch eine Verknüpfung jener Sätze, zumal dann, wenn diese Wörter syntaktisch an gleicher Stelle erscheinen. Bei der Wiederholung am Anfang aufeinanderfolgender Sätze entsteht die Figur der **Anapher** (*Auch ich war in Arkadien geboren, / Auch mir hat die Natur / An meiner Wiege Freude zugeschworen* Schiller). Sind die durch die Anapher verbundenen Sätze, wie meistens der Fall, gleichlaufend gefügt, ergibt sich zusätzlich ein syntaktischer **Parallelismus** (*Sehe jeder, wie er's treibe, / Sehe jeder, wo er bleibe* Goethe, *Er schaut nicht die Felsenriffe, / Er schaut nur hinauf in die Höh* Heine). Im einzelnen wäre zu unterscheiden zwischen der Wiederholung nur eines Wortes, einer Wortgruppe oder gar eines Teilsatzes, zwischen der Wiederholung bereits innerhalb eines Verses, zu Beginn unmittelbar aufeinanderfolgender oder weiter entfernter Sätze, zwischen einfacher oder mehrfacher Wiederholung sowie nicht zuletzt zwischen den syntaktischen Funktionen der wiederholten Wörter. Wir haben es hier mit einem ausgesprochenen rhetorischen Mittel der Sprachgestaltung zu tun. Wiederholungen bekräftigen die Aussage (*Noch rinnt und rauscht die Wiesenquelle, / Noch ist die Laube kühl und grün, / Noch scheint der liebe Mond so helle* Hölty); sie verstärken das Gefühl besonders in Balladen (*O schaurig ists übers Moor zu gehn, / [...] / O schaurig ists [...] / Das ist die unselige Spinnerin, / Das ist die gebannte Spinnlenor* Droste-Hülshoff). Anaphorische Parallelismen in einfacher Wiederkehr kurzer Aussagesätze bilden rhythmische Grundmuster (*Das Wasser rauscht', das Wasser schwoll, Sie sang zu ihm, sie sprach zu ihm* Goethe). Besonders beliebt sind Dreierfolgen (*Willst's am Ende / Gar nicht lassen? Will dich fassen, / Will dich halten* Goethe), auch in Anreden, ob nun im Barock oder in der modernen Lyrik (*O Haupt voll Blut und Wunden, / Voll Schmerz und voller Hohn! / O Haupt, zum Spott gebunden / Mit einer Dornenkron! / O Haupt, sonst schön gezieret / Mit höchster Ehr und Zier* Gerhardt, *Mein lieber Bruder, wann bauen wir uns ein Floß / und fahren den Himmel hinunter? / Mein lieber Bruder, bald ist die Fracht zu groß / und wir* *gehn unter. / Mein lieber Bruder, wir zeichnen aufs Papier* Bachmann). Anaphern gliedern das Gedicht hörbar. Sie finden sich daher, wie in manchen Kirchenliedern, jeweils zum Strophenbeginn (*Liebe, die du mich zum Bild* [...] *Liebe, die du mich erkoren* [...] *Liebe, die für mich gelitten* Scheffler) oder sogar am Anfang und an Ende (*Kennst du das Land, wo die Zitronen blühn / [...] / Kennst du es wohl?* Goethe). Wie bei der Worthäufung (s. 5.7) so sollte man auch bei Anaphern auf Ordnungen achten, die sich aus der Fortführung der Sätze ergeben, sei es in Form der anaphorischen Klimax (*Tapfer ist der Löwensieger, / Tapfer ist der Weltbezwinger, / Tapfrer, wer sich selbst bezwang* Herder) oder anaphorischen Antiklimax (*Und immer höher schwoll die Flut, / Und immer lauter schob der Wind, / Und immer tiefer sank der Mut* Bürger).

Bei einer Wiederholung der gleichen Wörter am Ende aufeinanderfolgender Sätze entsteht die Figur der **Epipher**. Weil nun aber in der Endreimdichtung die Setzung des gleichen Wortes am Ende aufeinanderfolgender Sätze als unschön gilt (identischer Reim, s. 6.2), sind Epiphern in Gedichten sehr selten und allenfalls in der strengen Form der orientalischen Ghasele zu finden (Platen *Gaselen*). Die Wiederholung von Wörtern vom Ende eines Satzes oder Verses am Anfang des folgenden bezeichnet man als **Anadiplose**. Sie erfordert meist eine Inversion (s. 5.4) und ist besonders für die Pointierung eines Gegensatzes (s. 5.9) geeignet (*Mit dem Schiffe spielen Wind und Wellen, / Wind und Wellen nicht mit seinem Herzen* Goethe, *Nicht der Frühling kann dir's geben, / Geben mußt dem Frühling du* Rückert). Ein altes und in der modernen Lyrik wieder gern genutztes Stilmittel ist das **Palindrom** als Wiederholung eines Satzes in umgekehrter Wortreihenfolge (*Wir tranken Regen./ Regen tranken wir* Celan, *Nebeneinander rudernd sprechen sie./ Sprechend rudern sie nebeneinander* Brecht).

Ein weites Feld sprachkünstlerischer Möglichkeiten eröffnet sich dem Lyriker, wenn er Wörter bei der Wiederholung abwandelt. Hier seien nur die geläufigsten Veränderungen angeführt. Da wäre einmal das **Polyptoton**: die Wiederholung des gleichen Wortes in verschiedenen Flexionsformen. Im strengen Sinne rechnet man dazu nur die Wiederholung eines Nomens in einem anderen Kasus (*Ob sich das Herz zum Herzen findet* Schiller); auch die eingangs erwähnten Genitivverdopplungen und Potenzierungsformeln (*Leben des Lebens*) gehören hierzu. In einem weiteren Sinne bezeichnet man als Polyptota aber auch variierende Wiederholungen von Wörtern anderer Wortarten, z. B. von Adjektiven in der Steigerung (*Und rot und immer röter / Wird nun die tiefe Flut* Brentano). Beliebt sind sodann Veränderungen, die von einer Wortart zu einer anderen führen. Wo nicht mehr dieselben, sondern lediglich verwandte Wörter derselben Wortfamilie aufeinanderfolgen, kann man eigentlich nicht mehr von Wortwiederholung sprechen (*Liebliche Schwester, / Liebchen ist da!* Goethe). Eine dieser weiterführenden Abwandlungen wird traditionell als **Figura etymologica** bezeichnet. Es ist die Verbindung eines Nomens mit einem stammverwandten Verbum (*Gar schöne Spiele spiel ich mit dir* Goethe, *Es hungert den Hunger, es dürstet den Durst* Bürger, *das Sagbare sagen / das Erfahrbare erfahren* Heißenbüttel). Die moderne Lyrik experimentiert mit immer neuen Wortabwandlungen und -kombinationen. Dazu gehören die schrittweise Verkürzung (*alles aussteigen / aussteigen / aus* Enzensberger) oder die Reihung monovokaler Wörter (*ottos mops trotzt / otto: fort mops fort / ottos mops hopst fort* Jandl). Solche sprachspielerisch anmutenden Formulierungen, zu deren Benennung noch eine Nomenklatur fehlt, führen bisweilen zu überraschenden Sinnbezügen am Leitfaden des Wortklangs.

5.9 Wird der Satzbau von Bedeutungsgegensätzen bestimmt?

Über die Thematik des Gedichts hinaus wird man es meist auf die jeweilige Grundhaltung des Dichters zurückführen, ob er die Gegenstände seines Gedichts in deutlicher Übereinstimmung oder in ihrer Vielfalt darstellt oder ob er in ihnen Gegensätzliches aufsucht und dieses nebeneinanderstellt. Die Vorliebe für Gegensätze ist charakteristisch für die Epoche des Barock und manchen Dichter (z. B. Lessing, Schiller, Kleist, Heine). Sie verlangt Rationalität und ergibt einen spannungsreichen Stil. Ihr wichtigstes Stilmittel ist die **Antithese** als Gegenüberstellung gegensätzlicher Ausdrücke. Einfache Wortantithesen - wie etwa die Zwillingsformeln *arm und reich, jung und alt, Tag und Nacht* - entstammen schon der Umgangssprache. Adversative Konkunktionen verbinden Sätze mit gegensätzlicher Ausage (*Mein Herz, mein Herz ist traurig, / Doch lustig leuchtet der Mai* Heine, *Zum Kampfe muß er sich bereiten, / Doch bald ermattet sinkt die Hand* Schiller). Wie schon hier die Teile der Antithese jeweils einen Vers einnehmen, so werden adversative Konjunktionen in gebundener Sprache entbehrlich, wo drei- bis höchstens fünfhebige Verse als hörbare Einheiten die Antithese bereits deutlich teilen (*Der Tod, das ist die kühle Nacht, / Das Leben ist der schwüle Tag* Heine). Bei dem sechshebigen Alexandriner dagegen übernimmt die Zäsur die Teilung, und es ergibt sich jene für den barocken Versbau charakteristische Zweischenkligkeit (*Und eh du förder gehst, so geh in dich zurücke* Fleming, *Was dieser heute baut, reißt jener morgen ein* Gryphius). Metrische Form und Bedeutungsgliederung werden dadurch zur Übereinstimmung gebracht, daß beide Teile der Antithese als sogenanntes **Isokolon** gleich lang sind (wie in den obigen Beispielen). Bekräftigend wirkt der syntaktische Gleichlauf in Parallelismen (*Die Leidenschaft flieht, / Die Liebe muß bleiben; / Die Blume verblüht, / Die Frucht muß treiben* Schiller). Doch wie eine Folge von Isokola der belebenden Unterbrechung bedarf, so reizt der syntaktische Gleichlauf zu einer Umstellung der Satzglieder (*In der Nacht mit meinem Kummer / Lieg' ich schlaflos, wach; / Träumend, wie im halben Schlummer, / Wandle ich bei Tag* Heine). Erfolgt die Umstellung spiegelbildlich, also 'über Kreuz', so ergibt sich die besonders kunstvoll wirkende Figur des **Chiasmus**. Am geläufigsten ist die einfache Bauform, bei der sich das erste und vierte sowie das zweite und dritte Glied entsprechen: a + b : b' + a' (*Die Kunst ist lang, und kurz ist unser Leben* Goethe, *Die Sonne, sie leuchtet; sie schattet, die Nacht* Bürger), tautologisch bei identischen Gliedern: a + b : b + a (*Zeit ist wie Ewigkeit und Ewigkeit wie Zeit* Scheffler). Die kunstvollere Dreigliedrigkeit a + b + c : c' + b' + a' bedarf, soll sie nicht gekünstelt klingen, freilich der sprachlichen Meisterschaft (*Hoch auf strebte mein Geist, aber die Liebe zog / Bald ihn nieder* Hölderlin).

6. KLANG

6.1 Wie klingt das Gedicht?

Gleichfalls zur Wirklichkeit des Gedichts gehört, was erst durch das Sprechen wahrnehmbar wird: sein Klang. Dieser kann schon für sich - unabhängig vom Wortsinn - auffallen: Die Sprache des Gedichts ist musikalisch, die Verse 'klingen'. Zumeist aber bestehen Beziehungen zwischen Klang und Sinn. Der Klang einer Textstelle prägt sich mit ihrem Wortsinn ein. Wo der Klang wiederkehrt, weckt er die Erinnerung an jenen Sinn. Anklänge verknüpfen Textstellen. Inhaltlich Gleiches oder Ähnliches wird durch Gleichklang, Unterschiedliches oder gar Gegensätzliches wird durch Klangverschiedenheit hervorgehoben. Die Gesamtheit aller dieser Beziehungen und aller klanglichen Besonderheiten ergibt eine Klangstruktur, die der Interpret wenigstens bereichsweise aufzuzeigen hat. Diese Klangstruktur ist in dem einen Gedicht deutlich greifbar, in einem anderen kaum ausgeprägt. So gibt es Grade der klanglichen Gestaltung. Dieses Gedicht ist klangarm, jenes klangreich oder gar musikalisch. Über die Feststellungen hinaus sind auch kritische Wertungen angezeigt. Klangliche Gegensätze bei Sinngleichheit deuten auf mangelnde Gestaltung, klangliche Übereinstimmungen bei Sinnverschiedenheit können sich zufällig ergeben haben. Doch ist sorgfältige Prüfung geboten. Die Suche nach Gleichklang (zum Beispiel beim Reim) kann zu sinnferner Wortwahl verleiten; Klänge können aber auch Assoziationen wecken und so neue Sinnbezüge erschließen. Die folgenden Fragen zielen auf die wichtigsten Mittel der klanglichen Gestaltung.

6.2 Sind die Reime voll und rein?

Auffälligstes Klangmittel für die meisten deutschen Gedichte ist der **Endreim**. Je nach der Kadenz (s. 3.9) haben wir entweder **weiblichen Reim** (... X x : *Flügel / Hügel*), bei dem die reimenden Verse im Vokal der letzten betonten Silbe (*ü*) und in der folgenden Endsilbe (*gel*) übereinstimmen. Beim **männlichen Reim** dagegen (... x X : *gedacht / die Nacht*) stimmen die reimenden Verse nur im Vokal (*a*) und in der folgenden Konsonanz (*cht*) der betonten letzten Silbe überein (s. 3.10). Es wäre ein Fehler im Versbau, einen männlich schließenden Vers mit einem weiblich schließenden zu reimen (*verblích / stérblich*), denn beim Reim müssen auch die Betonungen übereinstimmen. Dreisilbige Versschlüsse (... X x x) ergeben 'gleitende' Reime (*scháltende / wáltende*). Diese kommen schon dem **rührenden Reim** nahe. Darunter versteht man eine über die genannten Grundsätze hinausgehende und darum besonders auffällige Übereinstimmung der Reime. Da die Reimwörter weiblich schließender Verse meist mit einer schwachtonigen Silbe enden, fallen schon weibliche Reime mit einem Vollvokal in der letzten Silbe auf (*den Múnd we̱it / Gesúndhe̱it* Heine, *lícht wa̱r / síchtba̱r* Hesse). Solche Volltonigkeit ergibt sich meist, wenn der Reim auf zwei Wörter verteilt wird (gespaltener Reim). Als rührende Reime gelten auch solche mit gleicher Konsonanz schon vor dem Tonvokal (*schwi̱rrt es / wi̱rd es*). Dergleichen war in der mittelhochdeutschen Dichtung gang und gäbe. Doch mit dem Barock kam die Forderung auf, daß Reime zwar voll und rein sein sollen, aber nicht zu breit. Weitergehende lautliche Übereinstimmung wurde bis zum Ende des vorigen Jahrhunderts als unschön empfunden. Die lyrische Formkunst im Zuge des Symbolismus führte den rührenden Reim wieder in die Dichtung ein, nun als Stilmittel erlesener Verssprache. Und so findet man hier Gleichklang schon in der vorausgehenden Senkung nicht nur im Vokal (*i̱ch mále / fi̱nále* George), sondern überdies in der Konsonanz (*mi̱ch án / i̱ch kánn* Rilke). Wird auch die vorausgehende Hebung mit einbezogen, so entsteht ein **doppelter Reim** mit zwei Betonungen (männlich X x X: *óhne Wéhn / vón Alléen* Rilke, weiblich X x X x: *méine tráuer / kléine dáuer* George). Freilich kann man einen Gleichklang auch dadurch erreichen, daß man ein Versende wörtlich wiederholt (*Liebe / Liebe*). Der sich dabei ergebende **identische Reim** bleibt - von Ausnahmen wie der besonderen Form des Rondels abgesehen - als Kunstlosigkeit verpönt.

Ein anderer Gesichtspunkt für die Beurteilung von Reimen ist ihre Reinheit. **Reine Reime** stimmen in ihren Vokalen und Konsonanten überein. Dabei sind die Phoneme und nicht die Grapheme entscheidend; man muß also nicht vom Schriftbild, sondern vom Klang ausgehen (s. 3.10). Stellen Sie zunächst fest, ob und welche Reime des Gedichts **unrein** sind. Es empfiehlt sich, die Abweichungen geordnet zu notieren. Mit folgenden Unreinheiten müssen Sie dabei rechnen: Nichtbeachtung der Vokallänge z. B. beim *a* (*Gassen / Straßen*) oder *i* (*Riff / rief*), Paarung der Vokale *e* und *i* mit den Umlauten *ö* und *ü* (*gehn / schön, Spiegel / Flügel*), Verbindung der Diphthonge *eu* und *ei* (*Freud / Leid*), bei Konsonanten Nichtbeachtung der Härte von Verschlußlauten, nämlich beim *b/p* (*Knabe / Knappe*), beim *d/t* (*Freude / heute*) und *g/k* (*weg / Dreck*), sowie der Stimmhaftigkeit bzw. Stimmlosigkeit, insbesondere beim *s* im Inlaut (*leise / reiße*). Oft kommen auch vokalische und konsonantische Abweichungen zusammen. Wie soll man solche Unreinheiten beurteilen? Da wäre zunächst, gemessen an der deutschen Standardlautung, die Bewertung nach dem Grade. Nichtbeachtung der Vokalquantität (*Riff / rief*) stört wesentlich mehr als die vertraute Paarung der Diphthonge *eu/ei* (*Freud / Leid*). Reinheit aller Reime oder nur sehr geringe Abweichungen deuten auf Formstrenge und hohen künstlerischen Anspruch; eine Häufung unreiner Reime deutet auf einen nachlässigen Sprachgebrauch oder gar mangelndes Vermögen. Der Interpret sollte den Mut zu Werturteilen haben, aber er muß zunächst und immer wieder bemüht sein, Ursachen festzustellen und Zusammenhänge aufzuweisen. Unreinheiten können einem Dichter gar nicht bewußt gewesen sein, weil die mundartliche Färbung seiner Sprache hier gar nicht unterschied. Dialektische Unreinheiten entdeckt man bei dem Frankfurter Goethe (z. B. Paarung von *g/ch*: *lag / brach*, *neige / reiche* oder von *d/t* : *Freude / Seite*) und bei dem Schwaben Schiller (z. B. Paarung von *e/ü*: *Menschen / wünschen* und Verwechslung von stimmhaften und stimmlosen *s*: *Getöse / Größe*). Beachten Sie vor allem den Zusammenhang mit der Thematik. Ein ernstes, feierliches Gedicht verlangt reine Reime; Nachlässigkeiten wirken hier peinlich. Volkstümliche und heitere Verse dagegen ertragen nicht nur unreine Reime, sie machen sogar komische Wirkungen möglich.

Wenn aber Brentano *Büschen* mit *blühen* und *entschlafen* mit *Atem* reimt (s. 3.13), kann hier nicht mehr von mangelnder Reimreinheit die Rede sein. Eine andere Reimart wurde verwendet, bei der nur die Vokale der Reimwörter gleich klingen (assonieren s. 6.5). Solche vokalischen **Halbreime**, auch **Assonanzreime** genannt, kamen nach spanischem Vorbild (und darum zumeist in trochäischen Vierhebern) in der Romantik auf (Tieck, Brentano,

Eichendorff, Heine). Sie finden sich aber auch schon in der älteren Volksdichtung (z. B. im Kindervers *Kuchen / gerufen*).

Reimlosigkeit ergibt sich traditionell bei der Verwendung antiker Metren wie Hexameter und Pentameter. In der modernen Lyrik ist sie ein bewußter Verzicht auf eine vertraute Möglichkeit klanglicher Gestaltung. Um so auffälliger ist in einem sonst reimlosen Gedicht dann ein einzelnes Reimpaar (z. B. in Celans *Todesfuge: sein Auge ist blau / [...] er trifft dich genau*).

6.3 Sind die Reime neu oder abgenutzt?

Eine lange und breite Tradition der Endreimdichtung hat viele Reimverbindungen sehr oft verwendet und dadurch abgenutzt. So wirken abgegriffene Reime (*Herz / Schmerz, Liebe / Triebe, Sonne / Wonne*) längst trivial. Bei der Beurteilung muß also die Entstehungszeit des Gedichts berücksichtigt werden. Der junge Goethe konnte noch *Sonne* auf *Wonne* und *Lust* auf *Brust* reimen. Wer im späten 19. Jahrhundert so die Verse verband, bewegte sich auf ausgefahrenen Gleisen. Die Suche nach neuen Reimwörtern konnte zu überraschenden Verknüpfungen führen, auch mit ironischer Wirkung wie bei Heine (*Himmel / Lümmel, Strohwisch / philosophisch, Hegel / Kegel*). Die Einbeziehung fachwissenschaftlicher und fremdsprachiger Ausdrücke seit dem Expressionismus (beispielgebend Benn *Bezugssytem / Methusalem, Hobokenquai / qui sait*) hat der modernen Lyrik wieder Originalität in der Reimbindung ermöglicht (s. 4.2).

6.4 Entdecken Sie Reime auch im Innern der Verse?

Reime nicht nur am Ende, sondern auch im Innern der Verse sind ein Zeichen gesteigerter Klanglichkeit. Das gilt schon für den im allgemeinen recht seltenen **Anfangsreim**, also den Reim der Anfangswörter aufeinander folgender Verse, den die Nürnberger Barockdichter so schätzen (*Ein Laub, das grunt und falbt geschwind. / Ein Staub, den leicht vertreibt der Wind* Harsdörffer). Häufiger ist der **Binnenreim**, bei dem Wörter innerhalb eines Verses reimen (*Wiegt und biegt sich in des Windes Hauch* Meyer). Oft ist es vereinzelt ein Wort, durch das schon im Versinnern der Endreim anklingt (*Zum Schädel ohne Zopf und Schopf, / Zum nackten Schädel ward sein Kopf* Bürger). Der Binnenreim kann in den folgenden Vers reichen (*Zwar das dauert nur ein Weilchen, / Doch die Veilchen, naß und tropfend* Britting). Regelmäßig auftretend kann er freilich auch den Vers teilen (*Bei stiller Nacht, zur ersten Wacht / Ein Stimm sich gund zu klagen. / Ich nahm in acht, was die doch sagt, / Tat hin mit Augen schlagen.* Spee). Folgen zwei gleich klingende Wörter innerhalb eines Verses unmittelbar aufeinander, so spricht man vom **Schlagreim** (*Und wieder nieder / Zur Erde muß es* Goethe, *als ob es tausend Stäbe gäbe* Rilke). Prüfen Sie, ob solche Gleichklänge sich womöglich nur zufällig einstellen oder ob durch sie bedeutungsvolle Wörter hervorgehoben werden, ferner ob sie vereinzelt oder gehäuft auftreten und dadurch das Klangbild bestimmen (*Quellende, schwellende Nacht, / [...] / Steigendes, neigendes Leben* Hebbel).

6.5 Hört man einen Gleichklang von Vokalen?

Wenn es in Goethes *Zauberlehrling* heißt: *Wehe! wehe! / Beide Teile / Stehn in Eile*, dann geht dem Endreim *Teile / Eile* zwar kein Schlagreim voraus, wohl aber ein vokalischer Gleichklang der Wörter *Beide Teile*. Einen derartigen Gleichklang der Vokale benachbarter Wörter bezeichnet man im weiteren Sinne als **Assonanz** (im engeren Sinne wird darunter nur der vokalische Halbreim verstanden, s. 6.2). Assonanzen sind in ihrer Funktion, wenn auch mit schwächerer Wirkung, Reimen vergleichbar. Entscheidend sind darum auch nicht die Grapheme, sondern die Phoneme. So haben auch Vokale, die nur ähnlich klingen wie in unreinen Reimen (*i/ü, e/ö, ei/eu*), daran Anteil. Assonanz verstärkt den Klangwert des Einzelvokals, verbindet die anklingenden Wörter, so daß über die Verse hinweg ganze Geflechte entstehen, und hebt die Wörter aus dem Kontext heraus. (*mußt du den Schuh* Bachmann, *Unter des Grünen / Blühender Kraft / Naschen die Bienen / Summend im Saft* Goethe). Zur Feststellung etwaiger Assonanzen empfiehlt es sich, im Gedichttext die gleichklingenden Vokale gleichartig (z.B. gleichfarbig) zu kennzeichnen. Das bloße Registrieren aller Vokalgleichheiten genügt dann freilich nicht. Darum folgende Hinweise: Lassen Sie von vornherein überall das unbetonte *e* unberücksichtigt; es trägt zu den hier interessierenden Klangbeziehungen nichts bei. Beschränken Sie sich der Einfachheit halber zunächst auch nur auf die in einer Hebung stehenden, betonten Vokale. Lassen Sie nur jene Vokalgleichheiten als

Assonanzen gelten, die zwischen benachbarten Wörtern bestehen; Assonanzen dürfen ja, um beim Hören erinnernd wahrgenommen zu werden, nicht zu weit auseinanderliegen. Und vor allem: Läßt sich zur klanglichen Gemeinsamkeit der Wörter auch jeweils eine solche in der Bedeutung feststellen? (Beispiel: *Durch die N<u>a</u>cht, die mich umf<u>a</u>ngen, / Bl<u>i</u>ckt zu m<u>i</u>r der Töne L<u>i</u>cht.* Brentano)

6.6 Zeigen einzelne Vokale durch ihren Klang besondere Bedeutungen an?

Wenn Wörter mir vokalischem Gleichklang auch eine Gemeinsamkeit in der Bedeutung erkennen lassen, dann liegt die Vermutung nahe, diese besondere Bedeutung dem Klang selbst beizumessen. Ohne Frage gibt es semantische Bezüge zwischen Klang und Wortsinn. Mögen auch die überlieferten Lehren der Lautsymbolik im einzelnen widersprüchlich bleiben, jedem Laut sind gewisse Grundbedeutungen eigen: dem hellen *i* (*winzig, zierlich, Licht, Blick, Gipfel*), dem starken und warmen *a* (*wagen, Glanz*, Macht, *Nacht, Schatten*), dem hohen und vollen *o* (*Hohn, Lob, wohl, golden, grollen*), dem dunklen *u* (*dumpf, plump,* Spuk, *murren, stumm*), wobei *i* und *u* im Gegensatz stehen (*licht / dunkel, spitz / stumpf, Wipfel / Wurzeln*). Gewiß lassen sich mühelos Gegenbeispiele anführen, und tatsächlich ergibt sich die eigentliche Klang-Sinn-Verknüpfung erst im jeweiligen Kontext. Aber jeder Dichter mit einem Gespür für den Wortklang wird jene Grundbedeutungen beachten, wenn er durch die Wahl der Worte sein Gedicht auch klanglich strukturiert. Ob das ihnen vorliegende Gedicht eine hörbare **Klangstruktur** besitzt, müssen Sie herausfinden. Konnten Sie bereits Assonanzen feststellen (s. 6.5), so achten Sie jetzt auf klangliche Entsprechungen über die Versgrenzen hinweg. Dazu gehören **Klanggegensätze** wie *i/u* und **Abtönungen**, also Abwandlungen des Klanges nach Art des Ablauts *wie ei/i, i/o, i/a und a/u*. (Den klanglichen Abstand der einzelnen Vokale veranschaulicht das auch in der DUDEN-Grammatik wiedergegebene 'Vokalviereck': z. B. großer Abstand zwischen *i* und *u*, kleiner zwischen *o* und *u*.) Eine ausgeprägte Klangstruktur besitzt etwa Meyers Gedicht *Der römische Brunnen*. Hierin findet nicht nur der Gegensatz von sichtbarer Bewegung und Ruhe seine Entsprechung in einem Klanggegensatz (*i/u : gießt / Rund, fließt / Grund*), vokalische Abtönungen unterstreichen auch Unterschiede in der

Bewegung des Wassers und Form des Brunnens (*ei/i* : *steigt / fließt, verschleiernd / gießt*; *a/o/u* : *voll der Marmorschale Rund*).

6.7 Treffen bei Wortübergängen Vokale aufeinander?

Wo einem Wort, das mit einem Vokal endet (*sehe*), ein Wort mit einem Anfangsvokal (*ich*) folgt, da bewirkt der Zusammenstoß der Vokale an der Übergangsstelle (*sehe_ich*) eine Stockung des Redestroms, die eine gleitende Bindung der Wörter verhindert. Schon in der Antike empfand man solches Aufeinandertreffen von Vokalen - **Hiatus** genannt - als eine klangliche Härte, die in der gehobenen Sprache der Dichtung vermieden werden müsse. Das einfachste Mittel, den Hiatus zu vermeiden, besteht in der **Elision**, d. h. der Ausstoßung eines der beiden Vokale, hier durchweg des Endvokals des vorausgehenden Wortes (*seh' ich*). Auch in der deutschen Lyrik war der Hiatus bis zum Ende des 18. Jahrhunderts verpönt; seither wird er von den meisten Dichtern jedenfalls gemieden. Damit kann sein Auftreten nicht mehr als Verstoß gewertet werden, sondern als stilistisches Charakteristikum, nämlich für eine Sprachgestaltung, die klangliche Härten nicht scheut (z. B. Kleist, Droste-Hülshoff, Hebbel). Allerdings muß man gewichten: Ein Hiatus zwischen zwei Sätzen oder Versen fällt kaum ins Gewicht, verglichen mit dem im Satz und Vers. Und manche Vokale lassen sich leichter binden (*a/i* : *sah ich*) als andere (*e/i* : *Ruhe immer*). Dagegen ist die gänzliche Vermeidung von Hiaten charakteristisch für eine flüssige, klanglich weiche Verssprache (Brentano, Mörike, Storm). Eine gehäufte Elision des Endungs-e kann Versen einen volksliedhaft altertümlichen Klang geben (*Zählt' er seine Städt' und Reich'* Goethe).

6.8 Stimmen benachbarte Wörter im Anlaut überein?

Die Übereinstimmung von Wörtern im Anfangslaut (*gut / gern*) bezeichnet man als **Alliteration**. Die germanische Stabreimdichtung erhob sie zum Versbauprinzip, denn in ihr mußten jeweils drei der vier betonten Stammsilben ('Stäbe') eines Verses alliterieren (*Hiltibrant enti Hadubrant untar heriun zueim*). Bemühungen im 19. Jahrhundert, den Stabreimvers zu erneuern, sind erfolglos geblieben (*Waffenlos bin ich: / dem wunden Gast / wird dein Gatte nicht wehren* R. Wagner). Im Volksmund lebendige Zwillingsformeln (*Mann und Maus, Feuer und Flamme*) beweisen die Leistung der Alliteration, Wörter hörbar zu verbinden. Darin der Assonanz (s. 6.5) vergleichbar, dieser aber noch überlegen, wird die Alliteration bis in die Gegenwart hinein als Kunstmittel eingesetzt, um Wortpaare zu bilden (*Wort' und Werke* Goethe), Beiwörter anzupassen (*wiegende Wellen* F. L. v. Stolberg, *Mit jedem jungen Jahre* Schiller), Wörter innerhalb eines Satzes zu betonen (*Stock, der du gewesen, / Steh doch wieder still!* Goethe), gewichtige Wörter zu verbinden (*gönnt, ihr Gewaltigen [...] das Heil'ge, das am / Herzen mir liegt* Hölderlin) und überhaupt die Verse klanglicher zu formen. Sprechen Sie sich die Verse vor, denn auch hier kommt es nicht auf die Grapheme, sondern Phoneme an (*der frechen Völker* Gryphius). Hörbar werden Alliterationen besonders dann, wenn die Wortanfänge metrisch betont sind. Steigernd wirken zweifache Konsonanz (*Klinge, kleines Frühlingslied* Heine) und hinzukommende Assonanz (*Der Leib wird leicht* Brecht).

6.9 Häufen sich konsonantische Wortübergänge?

Härter noch als vom Hiatus (s. 6.7) kann der Redestrom beim Wortübergang gebremst werden, wenn das vorangehende Wort konsonantisch endet und das folgende konsonantisch beginnt, zumal bei den harten Verschlußlauten *p, t, k*, beim *z* (= *ts*) und dem stimmlosen *s* bzw. *ß*. Genau genommen gilt dies sogar innerhalb der Wörter mit geschlossenen Silben. Vokale und silbische *m, n* und *l* ermöglichen gleitende Übergänge und geben der Verssprache Glätte. Konsonantenhäufungen dagegen bremsen und unterbrechen den Redestrom; seine Stockungen machen die Sprache hart und rauh. Glätte und Härte an sich sind weder ein Vorzug noch ein Nachteil künstlerischer Gestaltung. Sie sind stilistische Eigentümlichkeiten, die man beim Hören wahrnimmt und die der Interpret, indem er auf sie hinweist, in Beziehung zu setzen versucht zur Thematik des Gedichts (s. 1.1 ff.) und zu anderen Stilzügen des Gedichts.

6.10 Enthält das Gedicht Klangmalereien?

Die **Klangmalerei** (Lautmalerei, griechisch Onomatopoesie) als Kunst der Nachahmung von natürlichen Lauten, von Geräuschen, Tätigkeiten und Erscheinungen durch sprachliche Mittel hat seit der

Antike immer wieder ihre Anhänger gefunden, zumal wo man hierin eine Urfunktion der menschlichen Sprache zu sehen glaubte. Gepflegt wurde die Klangmalerei im Barock vor allem von den Mitgliedern des Nürnberger Dichterkreises (z. B. Harsdörffer und Klaj im *Pegnesischen Schäfergedicht*: *Es schlürfen die Pfeifen, es würblen die Trumlen. / Die Reuter und Beuter zu Pferde sich tumlen. / Die Donnerkartaunen durchblitzen die Luft. / Es schüttern die Täler, es splittert die Gruft. / Es knirschen die Räder, es rollen die Wägen. / Es rasselt und prasselt der eiserne Regen.*). Bürger in seiner *Lenore* malte den Galopp des Reiters (*Und außen, horch! ging's trapp trapp trapp*) und das Klingen des Türrings (*Ganz lose, leise, klinglingling!*), Goethe im *Hochzeitlied* das Geräusch der vielen Zwerge (*Nun dappelt's und rappelt's und klappert's im Saal*), und Schiller war im *Taucher* bemüht, bei der Beschreibung der Wirbel und Strudel der Charybde ihre Gewalt auch klanglich wiederzugeben (*Und es wallet und siedet und brauset und zischt, / Wie wenn Wasser mit Feuer sich mengt, / Bis zum Himmel spritzet der dampfende Gischt*). Klangmalereien zeigen an, daß der Dichter bemüht war, die Wirklichkeit seines Gedichts sinnlich erfahrbar zu machen. Sie sind ein Hinweis darauf, daß diese Verse nicht nur gelesen, sondern auch gesprochen und gehört werden sollen.

7. BILDLICHKEIT

7.1 Sprachliche Bilder

Im Gegensatz zum begrifflichen Sprachgebrauch - etwa der Wissenschaft und Verwaltung - enthalten dichterische Texte meist bildliche Ausdrücke. Da wird das Gemeinte (etwa die Wesensart eines Menschen) nicht durch einen Begriff, sondern durch ein sprachliches Bild bezeichnet: durch einen Vergleich (*Der Alte schlich wie ein Fuchs*) oder eine gleichsetzende Metapher (*Der alte Fuchs schlich*). Der Gebrauch von Bildern kann dem Wunsch entspringen, den Versen 'poetischen Glanz' zu geben ('Auszierung' der Dichtersprache im Barock). Sein eigentlicher Zweck ist aber, Bedeutungen zu erfassen, die sich dem Begriff entziehen. *Was der Dichter in seinen unaufhörlichen Gleichnissen sagt, das läßt sich niemals auf irgendeine andere Weise (ohne Gleichnisse) sagen.* (Hofmannsthal)

7.2 Suchen Sie zunächst alle sprachlichen Bilder des Gedichts heraus.

Die übersichtliche Zusammenstellung Vers für Vers erleichtert den Überblick und die Klärung der folgenden Fragen.

7.3 Ist das Gedicht arm oder reich an Bildern?

Bilderarmut deutet auf einen unanschaulichen, abstrakten, begrifflichen Stil, auf Gedankensprache. Bilderreichtum deutet auf Gefühlssprache, auf einen anschaulichen, die Phantasie ansprechenden Stil.

7.4 Welcher Art sind die Bilder?

Beim **Vergleich** steht neben dem Verglichenen ein Vergleichsgegenstand (*Der Knabe springt wie ein wundes Reh* Droste-Hülshoff). Der Vergleich veranschaulicht. Vergleiche können **erweitert** werden (*Des Menschen Seele / Gleicht dem Wasser: / Vom Himmel kommt es, / Zum Himmel steigt es, / und wieder nieder / Zur Erde muß es* Goethe). Sie können sich in der Entsprechung zusammenhängender Bild- und Bedeutungselemente zur **Allegorie** entfalten (Leben als *Seefahrt*: *Schiff* = Mensch, *Kompaß* = Gewissen, *Klippen* = Gefahren usw.). Bei der **Metapher** wird das Gemeinte nicht mehr genannt, sondern nur indirekt durch ein Bild bezeichnet. Dessen Bedeutung muß vom Leser und - soweit dies begrifflich möglich ist - vom Interpreten erschlossen werden. Dies gelingt leicht bei geläufigen, formelhaften Metaphern (*des Mondes Silber*), zumeist aber nur im Bedeutungszusammenhang aus dem Kontext.

7.5 Woher stammen die Bilder?

Aufschlußreich ist zunächst, woher der Dichter seine Bilder genommen und welche Bereiche er dabei bevorzugt hat. Es empfiehlt sich daher eine Inventarisierung der verwendeten Bilder nach **Bildbereichen** wie etwa Sinneswahrnehmungen, Farben und Lichter, Töne und Geräusche, Wind und Wetter, Himmelserscheinungen, Gewässer und Landschaftsformen, Gesteine und Metalle, Pflanzen- und Tierwelt, Organe, Wachstum und Gesundheit, Krankheit und Tod, Verrichtungen, Geräte und Werkzeuge, Wirtschaft und Technik, menschliche Beziehungen und Konflikte, seelische und geistige Vorgänge, gesellschaftliche Ordnungen, Geschichte, Religion und Mythos. Dabei zeigt sich nicht nur die Weite oder die Enge der Bildbereiche, die Nähe oder die Entlegenheit der Bilder für den Leser, sondern auch ihr Verhältnis zueinander. Moderne Gedichte leben oft aus der Verflechtung und Überkreuzung ('Gitterbildung') verschiedener Bildbereiche. Bilder ergeben sich hier oft aus Wortassoziationen (z.B. vom *Eichelhäher* > 'Eicheln' > 'kollern': *In die Morgendämmerung kollern / die Eicheln seiner Schreie* Eich).

7.6 In welchem Verhältnis stehen die Bilder zueinander?

Die Bilder eines Gedichts können aus ganz unterschiedlichen Bildbereichen gewählt sein und darum divergieren. Kommen sie alle aus einem oder aus eng benachbarten Bereichen, so bilden sie leicht einen anschaulichen Zusammenhang, der zum einheitlichen Gepräge des Gedichts beiträgt. Dieser Zusammenhang kann - je nach der Eigenart des Gedichts - bedachtsam einer Ordnung folgen; er kann sich aber auch assoziativ und sprunghaft entwickeln

('Bildphantasien'). Sind Bildelemente aus verschiedenen Bereichen (*Zügel, Nebel*) fehlerhaft so verbunden, daß sie sich widersprechen, liegt eine **Katachrese** (Bildbruch) vor (*Laß nicht des Neides Zügel umnebeln deinen Geist*). Ist der Widerspruch beabsichtigt, um etwas kaum Sagbares auszudrücken, so bezeichnet man diesen bildlichen Ausdruck als **Oxymoron** (*leere Fülle, kühle Glut*; Widersprüchlichkeit auch zur Steigerung: *lebendes Aas* Brecht). Die Verschmelzung von Bildelementen unterschiedlicher Sinneswahrnehmungen nennt man **Synästhesie** (*Golden wehn die Töne nieder* Brentano).

7.7 Wie verhalten sich die Bilder zu den Sachen?

Der Bereich, dem ein Bild entstammt, kann der jeweils gemeinten Sache näher oder ferner liegen. **Naheliegende** Bilder sind in der Regel anspruchsloser, denn sie kommen dem Verständnis des Lesers entgegen. Das gilt insbesondere für die geläufigen Formen der **Metonymie** (Umbenennung), wo statt der Sache ein Sinnbild (*Lorbeer* = Ruhm), eine Eigenschaft (*das Blaue* = Himmel) oder ihr Material (*Stahl* = Waffe) genannt wird, oder für die **Synekdoche** (Mitverstehen), bei der ein Teil für das Ganze steht (*Lenz* = Jahr, *Haupt* = Mensch). Eine große **Entfernung** zwischen Bild und Sache dagegen erschwert das Verständnis und kann das Gemeinte verfremden (*grüne Musik*). Entlegene Bilder wirken oft anspruchsvoll. - **Größe**: Übersteigen die Bilder in ihren Proportionen das Gemeinte, so wirkt die Bildlichkeit steigernd; die Tendenz zur Steigerung müßte sich dann auch in anderen Stilzügen nachweisen lassen. Kennzeichen eines mindernden Stils ist umgekehrt die Verwendung verkleinernder Bilder: Riesiges wird durch Überschaubares veranschaulicht. - **Bewegung**: Zustände und Ruhendes können durch Bilder (insbesondere Verben) der Bewegung in Vorgänge umgesetzt werden. So gerät etwa eine Landschaft durch dynamische Metaphorik in Bewegung. Lebloses wird verlebendigt. Umgekehrt kann etwas Bewegtes durch die statische Metaphorik eines ruhigen Stils erstarren. Lebendiges wird durch Bilder aus dem Bereich des Unorganischen (Gesteine, Metalle, Geräte) zu etwas Leblosen. - Beliebt ist die **Personifikation**, bei der Wesen und Dingen menschliche Eigenschaften und Handlungen beigelegt werden, schon durch Wahl entsprechender Verben (*der Baum ächzt, der Morgen erwacht*), und so zu Personen werden (*Noch träumen Wald und Wiesen* Mörike, *Unheimlich nicket die*

Föhre Droste-Hülshoff). In der neueren Lyrik wurde geläufig die einprägsame **Genitivmetapher** (Rilke: *Vögel der Seele, Rose des Zuschauens, Marktfrucht des Gleichmuts*).

7.8 Bilder in modernen Gedichten

Während in der traditionellen Lyrik bei der 'uneigentlichen Rede' das sprachliche Bild ein Analogon zu einer gemeinten Wirklichkeit bildet und mit dieser im 'tertium comparationis' übereinstimmt, ist das Bild im modernen Gedicht zumeist eine 'lyrische Chiffre' oder 'absolute Metapher', die Assoziationen evoziert und sich eine Wirklichkeit erst sucht. *Die klassische Metapher ist gebunden durch die Analogie zwischen Sache und Bild. [...] Die moderne Metapher aber verflüchtigt oder vernichtet die Analogie, spricht nicht ein Zueinandergehören aus, sondern zwingt das Auseinanderstrebende zusammen.* (Hugo Friedrich)

8. PERSPEKTIVE

8.1 Wer spricht das Gedicht?

Die Annahme liegt nahe, daß es der Dichter selbst ist, der in diesem Gedicht spricht. Das mag zuweilen der Fall sein (Brecht *Vom armen B. B.*). In der Regel aber sollten wir unterscheiden zwischen dem Verfasser des Gedichts und seinem Sprecher. Dieser ist eine Fiktion des Dichters: mit den Versen erdacht und erdichtet. Gewiß werden es sehr oft persönliche Erfahrungen, Empfindungen, Gedanken und Probleme sein, die der Dichter in den fiktiven Sprecher hineinverlegt, genauer: aus denen er diesen gestaltet. Solche Gestaltungen wechseln nicht nur mit den Lebenserfahrungen, sie sind oft auch unabhängig vom persönlichen Geschick des Dichters, Geschöpfe seiner freien Phantasie. So hat jedes Gedicht seinen eigenen Sprecher (nur ausnahmsweise zwei im 'Wechsel' wie in Mörikes *Gesang zu zweien in der Nacht*). Um uns von dem Sprecher unseres Gedichts ein Bild zu machen, müssen wir alle Hinweise auf ihn beachten.

8.2 Ist eine Rolle angegeben?

Deutlich sind diese Hinweise beim sogenannten Rollengedicht, von dem schon im Zusammenhang mit der Thematik die Rede war (s. 1.10). Meist zeigt bereits der Titel an, wem die Verse in den Mund gelegt sind. Dies können Personen aus der Sage oder Geschichte sein (Goethe *Prometheus*, Krolow *Robinson*), aber auch typische Gestalten wie der Jäger (Goethe *Jägers Abendlied*, Mörike *Jägerlied*), der Wanderer (Schiller *Der Pilgrim*, Goethe *Wandrers Sturmlied*), der Bettler (Rilke *Lied des Bettlers*), die ihr Kind wiegende Mutter (Claudius *Ein Wiegenlied bei Mondschein zu singen*, Brecht *Wiegenlied*) oder die Verlassene (Brentano *Der Spinnerin Lied*, Mörike *Das verlassene Mägdlein*). Bei Personen aus der Sage oder Geschichte wäre der mythologische oder historische Zusammenhang in Erinnerung zu bringen, um daran dann die besondere Gestaltung der Figur in diesem Gedicht zu verdeutlichen. Entsprechendes gilt für den motivischen Zusammenhang der typischen Gestalten. Warum und wozu wählte der Dichter diese

Rolle? Wollte er eine bekannte Person in einem neuen Licht erscheinen lassen? Wollte er Typisches darstellen? Oder ist diese Rolle vielmehr die Chiffre einer verschlüsselten Selbstaussprache? Ist keine Rolle erkennbar, so müssen wir den Sprecher des Gedichts auf andere Weise zu bestimmen suchen.

8.3 Werden die Verse von einem Ich gesprochen?

Das ist bei lyrischen Gedichten meist der Fall. Um uns davon zu überzeugen, daß die Verse von einem Ich gesprochen werden, halten wir Ausschau nach allen Personalpronomen der ersten Person Singularis (*ich, meiner, mir, mich*), die dieses Ich verläßlich anzeigen. Auch Possessivpronomen (*mein*) gehören dazu, ferner Interjektionen, Ausrufe, Wünsche und Fragen (s. 5.2), die die persönliche Anteilnahme dieses Ichs an dem Geschehen bekunden. Und natürlich wird das Ich auch in Anreden erkennbar, mit denen es sich an andere wendet (s. 8.7). Um deutlich zu machen, daß dieses Ich nicht identisch ist mit dem biographischen Ich des Dichters, bezeichnet man es als das **lyrische Ich** des Gedichts. Aufgabe des Interpreten ist es, dieses lyrische Ich näher zu bestimmen und zu charakterisieren. Denn selbst wenn es nicht ausdrücklich als Rolle bezeichnet ist (s. 8.2), müssen wir das lyrische Ich doch als eine vom Dichter konzipierte Person verstehen, die er die Worte des Gedichts sprechen läßt. Und dieses personale Ich in seiner Befindlichkeit und Situation (s. 1.5) muß in der Interpretation deutlich werden.

8.4 Wovon spricht das Ich?

Zumeist spricht das Ich von sich. In lyrischer **Selbstaussprache** drückt das Ich seine Gedanken und Empfindungen aus (*Wie herrlich leuchtet / Mir die Natur!* Goethe, *Ich weiß nicht, was soll es bedeuten* Heine, *Wie hab ich das gefühlt, was Abschied heißt* Rilke). Dies ist die grundlegende Sprechform des lyrischen Gedichts. Gegenstand des lyrischen Sprechens ist zunächst und zumeist das Ich selbst in seiner Stimmung und Befindlichkeit (s. 1.4). In dem Maße aber, wie das Ich nicht nur sich ausdrückt, sondern über etwas spricht, objektiviert es das Gemeinte zu einem Gegenstand für sich, dem es sich nun gegenübersieht und von dem es spricht. Diese distanzierende Vergegenständlichung kann dem Grade nach schwanken und im reinen Gefühlsausdruck auch wieder aufgehoben werden. Dominiert jedoch der Gegenstand, so kann das Ich derart in den Hintergrund treten, daß es kaum noch sichtbar ist.

8.5 Bleibt der Sprecher des Gedichts verborgen?

Wo direkte Anzeichen des Ichs (Pronomen, Ausrufe u.a.) nicht auszumachen sind, können wir oft noch aus Fragen auf ein fragendes, aus Lehren und Aufforderungen auf ein belehrendes und appellierendes Ich schließen (Benn *Astern*, Goethe *Beherzigung*). Wo auch dies nicht mehr möglich ist und sich der Sprecher verborgen oder ins Unpersönliche zurückgezogen hat, ist solche Ich-Losigkeit ein wichtiger interpretatorischer Befund. Sogenannte 'Er-Lyrik' im Gegensatz zur 'Ich-Lyrik' finden wir in beschreibenden und in erzählenden Gedichten. Erscheinungen der Natur und des Menschenlebens werden, scheinbar losgelöst vom Ich, in ihrem Sosein beschrieben. Ausgeprägt ist solches Streben nach reiner Gegenständlichkeit in Charakteristiken (Hofmannsthal *Die Beiden*, Rilke *Der Panther*) und Dinggedichten (Meyer *Der römische Brunnen*). Wo die Beschreibung dem Leser besonders nahegelegt wird (Claudius *Der Mensch*), eine lehrhafte oder kritische Wendung nimmt (Logau *Heutige Weltkunst*), da gibt sich der Sprecher mittelbar zu erkennen. Das gilt schließlich auch für erzählende Gedichte und insbesondere Balladen, bei denen wir, auch wenn er sich nicht nennt (Goethe *Der König in Thule*), aus der Art der Erzählung auf den Erzähler selbst schließen können: auf seine Einstellung, Sehweise, Denkart usw. Nicht selten wendet er sich in parabolischen Erzählungen zum Schluß noch persönlich zu Wort (Gellert *Der Blinde und der Lahme*, Brecht *Legende von der Entstehung des Buches Taoteking*).

8.6 Wird die Gemeinsamkeit eines Wir vernehmlich?

Statt von einem einzelnen kann der Dichter die Verse auch von einer Gemeinschaft sprechen lassen. An die Stelle des lyrischen Ichs tritt dann die Fiktion eines chorischen Wir (Meyer *Chor der Toten*). Tatsächlich sind solche Wir-Aussprachen aber nicht sehr zahlreich; zur Geltung kommen sie in Hymnen und Gemeinschaftsliedern (H. Claudius *Wenn wir schreiten Seit' an Seit'*, Falke *Die wir hinter Mauern hausen*). Häufiger finden sich nämlich im selben Gedicht neben den Pronomen der ersten Person Pluralis (*wir, unser, uns*) solche der Einzahl. Prüft man den Text genauer, stellt sich meistens heraus, daß auch hier die Verse von einem Ich gesprochen werden (s. 8.3), dieses Ich durch Hinweise auf ein Wir sich aber auf eine Gemeinsamkeit bezieht, dem Hörer diese bewußt macht und wohl auch mit dem Anspruch auftritt, im Namen der Gemeinschaft zu sprechen. Typisch hierfür ist etwa von Gryphius das Sonett *Tränen des Vaterlandes*, worin zunächst die sichtbaren Verwüstungen des Dreißigjährigen Krieges, wie sie allen Deutschen seiner Zeit vor Augen standen, bezeichnet werden (*Wir sind doch nunmehr ganz, ja mehr denn ganz verheeret!*), bis zum Schluß das sprechende Ich an ein noch größeres Übel erinnert (*Doch schweig ich noch von dem, was ärger als der Tod*). Klopstocks Ode *Der Zürchersee* wird von einem lyrischen Ich gesprochen (*Komm und lehre mein Lied*), doch dieses Ich beschwört ein gemeinsames Erlebnis (*Schon lag hinter uns weit Uto*). Auch in Hofmannsthals *Ballade des äußeren Lebens* spricht und fragt ein Ich namens einer Gemeinschaft (*Was frommt das alles uns*). Oft wendet sich das Ich dabei direkt an die Mitglieder der Gemeinschaft mit Aufforderungen, wie zum Beispiel in Schillers *Reiterlied* (*Wohl auf, Kameraden, aufs Pferd, aufs Pferd!*). Damit jedoch wird die Aussprache zur Anspruche, und es ändert sich die **Perspektive**. Wir verwenden diesen Begriff zur Bezeichnung all jener Verhältnisse, die sich vom Standpunkt des Sprechers aus ergeben: die Perspektive aus dem Verhältnis des Sprechers zu dem Gegenstand seiner Rede, die Perspektive aus dem Verhältnis des Sprechers zu einer Gemeinschaft, in der er sich befindet und für die er das Wort ergreift, und nun die Perspektive aus dem Verhältnis des Sprechers zu jenen, an die er sich wendet.

8.7 Sind die Verse an jemanden gerichtet?

Lyrisches Sprechen kann als bloße Aussprache ungerichtet und also monologisch sein. Es kann aber auch eine **Richtung** nehmen (s. 1.7). Die Aussprache wird zur Anspruche, wenn sich der Sprecher an ein Gegenüber wendet und es anspricht, um von diesem gehört zu werden. Mit solcher Richtung wird das Sprechen zugleich **intentional**. Der Sprecher möchte gehört oder gar erhört werden; er will seinem Zuhörer etwas vermitteln oder ihn zu etwas bewegen (s. 1.9). Der Interpret hat diese Richtung und Intentionalität des Gedichts festzustellen. Wenn wir aber der Frage nachgehen, an wen denn die Verse gerichtet sind, wobei uns die Entstehungsgeschichte vielleicht einen wichtigen Hinweis gibt, stoßen wir möglicherweise auf einen ganz bestimmten Adressaten, dem der Dichter dieses Gedicht gewidmet hat (s. 2.3). Die Verse - etwa eines Liebesgedichts - waren nur an diese Person gerichtet und sind vielleicht erst später von einem Herausgeber veröffentlicht worden. Die Worte sind ganz auf den Angesprochenen bezogen, und wir sind nur 'indiskrete', gar nicht gemeinte 'Zuhörer'. Anders ist es dort, wo sich das Gedicht von vornherein an den anonymen Hörer oder Leser wendet, wo es also an ein Publikum gerichtet ist. Freilich wird auch hier und zumal bei Gedichten vergangener Epochen der gründliche Interpret jenes Publikum als einen besonderen und womöglich historischen Adressaten verdeutlichen müssen.

8.8 Wird ein Du angesprochen?

An den Schöpfer und Herrn der Welt wendet sich das Ich in der **Gebetsanrede** mit Lob und Dank (*Ich singe dir mit Herz und Mund* Gerhardt), bekennend (*An dir allein, an dir hab ich gesündigt* Gellert, Stadler *Anrede*) und bittend (*Erlös mich, Herr, spann aus den Pflug* Anton Ulrich, Rilke *Herbsttag*). Wenn aber Gryphius in einem Sonett *Über die Geburt Jesu* nicht den Heiland selbst, sondern die Nacht seiner Geburt anspricht (*Nacht, mehr denn lichte Nacht!*), dann bezeugt dies die eigentümliche Möglichkeit lyrischen Sprechens, auch das Unpersönliche und sogar Abstrakte zu **personifizieren** und ansprechbar zu machen. Zum Adressaten der lyrischen Ansprache werden Sternbilder (Bachmann *Anrufung des Großen Bären*) und einzelne Gestirne, nämlich die Erde (Keller *Unter Sternen*), die Sonne (Hölderlin *Geh unter, schöne Sonne*) und in der Tradition der Empfindsamkeit besonders oft der Mond (Klopstock *Die frühen Gräber*, Goethe *An den Mond*). Gedichte werden an Tiere gerichtet (Grimmelshausen *Trost der Nacht*), an Pflanzen und Bäume (Mörike *Auf eine Christblume*, Meyer *Schwarzschattende Kastanie*), an Städte (Hölderlin *Heidelberg*, Storm *Die Stadt*), einzelne Bauwerke (Opitz *Über den Turm zu Straßburg*) und Gegenstände des Gebrauchs (Mörike *Auf eine Lampe*). Der Personifikation sind keine Grenzen gesetzt: *der natürliche poetische sinn des menschen legt allen dingen, auch denen die wir leblos nennen, persönlichkeit und belebung bei.* (J. Grimm) Anreden werden durch manche Gattungen wie Hymne, Ode und

Dinggedicht nahegelegt und durch literarische Traditionen gestützt. Wodurch sie in einem Gedicht veranlaßt wurden, welcher Absicht sie dienen und was auf diese Weise in das Du projiziert wird, bleibt im Einzelfall zu untersuchen.

Von der durchgängigen Anrede wäre die **Apostrophe** zu unterscheiden, mit der sich der Sprecher nur vorübergehend an ein Wesen oder Ding wendet und es anruft. An die antike Tradition dieser rhetorischen Figur erinnert die Anrufung der Götter, Genien und Musen (*Und lieben, Götter, welch ein Glück!*, *Zephyr, nimm's auf deine Flügel*, *Helfet, ihr Musen, / Tragen das Glück!* Goethe, *Ihr wandelt droben im Licht / Auf weichem Boden, selige Genien!* Hölderlin). Emphatisch wird als Göttin die Freude begrüßt (*Göttin Freude, du selbst!* Klopstock, *Freude, schöner Götterfunken, / Tochter aus Elysium* Schiller). Die Zeit des Gedichts (s. 9.1), der lyrische Augenblick wird begrüßt (*Tage der Wonne, / Kommt ihr so bald?* Goethe, *O flaumenleichte Zeit der dunklen Frühe!* Mörike, *Willkommen, klare Sommernacht* Keller). Wie der zeitlichen, so dienen Apostrophen auch der räumlichen Situierung (s. 10.2) des Gedichts, wobei sie zumeist einen unmittelbaren, positiven Gefühlsbezug des Ichs zu dem Ort und der umgebenden Landschaft ausdrücken. Beispielhaft mit ihren appellativen Apostrophen wurde auch hier Goethes Lyrik (*Fetter grüne, du Laub*, *Fließe, fließe, lieber Fluß*, *Saget, Steine, mir an, o sprecht, ihr hohen Paläste!*). Romantisches Naturgefühl gewann volkstümlichen Klang in Eichendorffs Anrufungen (*O Täler weit, o Höhen, / O schöner, grüner Wald*).

Natürlich gilt auch in der Lyrik die Anrede in erster Linie einer wirklichen Person, einem **Menschen**, bei der Du-Anrede in der Regel einem vertrauten Menschen. In dem Bestand der Lyrik ist dies zumeist die - seltener der - **Geliebte**. In der barocken Liebeslyrik dominiert das argumentierende Werbungsgedicht (Opitz *Ach Liebste, laß uns eilen*, Hofmannswaldau *Vergänglichkeit der Schönheit*). Ganz persönliche Töne der liebenden Anrede finden wir erst mit der Lyrik Goethes (*Willkommen und Abschied*, *Wiederfinden*, *In tausend Formen*). Mehr Schwierigkeiten bereiten dem Interpreten jene Anreden, deren Du nicht näher benannt und kaum bestimmbar oder von dem Sprecher gar nicht unterscheidbar ist. Letzteres ist der Fall bei der **Selbstanrede**. Auf den Sprachgebrauch der Bibel und insbesondere Psalmen geht die traditionelle Anrede an die eigene Seele, die eigenen Sinne und das eigene Herz zurück, und zwar zunächst natürlich in der geistlichen Lieddichtung (*Lobe den Herren, den mächtigen König der Ehren, / Meine geliebete Seele* Neander, *Geh aus, mein Herz, und suche Freud* u. *Ihr aber, meine Sinnen* Gerhardt). In Anlehnung hieran findet sich dieser Sprachgebrauch dann auch in der weltlichen Lyrik und dabei gleichfalls meist im Zusammenhang mit einer an sich selbst gerichteten Aufforderung, einer Frage, einem Zuspruch, einer Mahnung oder gar einem Vorwurf (*Ach, was wollt ihr trüben Sinnen* Hofmannswaldau, *Herz, mein Herz, was soll das geben* Goethe, *Nun, armes Herze, sei nicht bang!* Uhland, *Denk es, o Seele!* Mörike, *Was bist du Narr / Vor Winters in die Welt entflohn* Nietzsche). Auch Anreden an eigene Körperteile kommen vor (Keller *Augen, meine lieben Fensterlein*). Fehlen solche Benennungen, gibt vielleicht die Überschrift (Fleming *An sich*) oder der Gedichteingang (Goethe *Elegie*) einen verläßlichen Hinweis, daß mit dem Du das eigene Ich gemeint ist. Schwieriger ist diese Deutung, wenn sie sich auf keine solchen Hinweise stützen kann, sondern allein aus dem Sinnzusammenhang des Kontextes abgeleitet werden muß. Ist das zweite *Wandrers Nachtlied* von Goethe zu sich selbst oder zu dem Leser dieser Verse gesprochen? (*Über allen Gipfeln / Ist Ruh, / In allen Wipfeln / Spürest du / Kaum einen Hauch; / Die Vögelein schweigen im Walde. / Warte nur, balde / Ruhest du auch.*) Es gibt Gedichte, worin das lyrische Ich in Frage und Antwort, Vorwurf und Rechtfertigung unbestreitbar eine **Zwiesprache mit sich** führt (Mörike *An einem Wintermorgen, vor Sonnenaufgang*, Nietzsche *Vereinsamt*). Bei anderen läßt sich das Selbstgespräch nur vermuten (Benn *Einsamer nie-*, Bachmann *Die gestundete Zeit*). Wo jedoch die Rede eine Verallgemeinerung nicht nur erlaubt, sondern sogar nahelegt, dürfen wir annehmen, daß sie an ein **didaktisches Du** gerichtet ist, an den Hörer oder Leser des Gedichts (Gryphius *Es ist alles eitel*, Goethe *Urworte. Orphisch*). Hier beginnt das Feld der didaktischen und appellativen Lyrik, die sich an den Leser wendet, um ihm Einsichten zu vermitteln, Lehren zu erteilen oder zu einem Handeln zu bewegen. Angesprochen wird dann oft nicht mehr das einzelne Du (oder Sie: Benn *Reisen*), sondern eine Gruppe oder die Allgemeinheit.

8.9 Wendet sich das Gedicht an eine Gruppe oder an die Allgemeinheit?

Auch dort, wo sich der Sprecher mit der Ihr-Anrede an einen kollektiven Adressaten wendet, muß der Interpret meist aus dem Kontext erschließen, an wen das Gedicht gerichtet ist. Wenn etwa in einem Kirchenlied wie Rinckarts *Nun danket alle Gott* die Hinweise auf *uns* (*Der große Dinge tut / An uns*) eine Gemeinsamkeit bekunden (s. 8.6), dann sind die Aufforderungen des Liedes gewiß an die eigene Gemeinde gerichtet. Die dieser Tradition des Gemeindelieds entstammende Anrede an die **Brüder** signalisiert, beginnend im 17. Jahrhundert und bis zum Ende des 18. Jahrhunderts, den in der Lyrik sehr beliebten sprachlichen Gestus der Hinwendung zu einer Gruppe nahestehender Menschen in Aufruf und Zuspruch (Dach *Der Mensch hat nichts so eigen*: *Ich lieb euch mehr, ihr Brüder*; Claudius *Abendlied*: *So legt euch denn, ihr Brüder*, Schiller *Resignation*: *o weinet meine Brüder*), auch in geselligen Liedern (Günther *Brüder, laßt uns lustig sein*, Gleim *Trinklied*: *Treue Brüder, laßt euch raten!*). Beliebt ist auch, vom Freundschaftskult der Empfindsamkeit gefördert, die Anrede an die **Freunde** (Hölty *Ihr Freunde, hänget, wann ich gestorben bin*, Miller *An meine Freunde in Göttingen*). Schillers Hymne *An die Freude* erweitert den Kreis der Brüder und Freunde zum Menschheitsbund (*Seid umschlungen, Millionen! / Diesen Kuß der ganzen Welt! / Brüder - überm Sternenzelt / Muß ein lieber Vater wohnen*). Ideale verkündend wenden sich seine lehrhaften Gedichte dagegen an das didaktische Ihr einer **Allgemeinheit** (*Das Ideal und das Leben*: *Fliehet aus dem engen dumpfen Leben / In des Ideales Reich!*, *Die Worte des Glaubens*: *Drei Worte nenn ich euch, inhaltschwer*). Wendungen an die Allgemeinheit, die auch in der Lyrik unseres Jahrhunderts nicht fehlen, können jeweils sehr unterschiedlich begründet sein (Brecht *An meine Landsleute*: *Ihr, die ihr überlebtet in gestorbenen Städten*, Bachmann *Anrufung des Großen Bären*: *Ein Zapfen: eure Welt. / Ihr: die Schuppen dran*). Sie können schließlich auch, wie nicht selten im 19. Jahrhundert, im abweisenden Gestus erfolgen (Hölderlin *An die Deutschen*: *Spottet ja nicht des Kinds*, Mörike *Verborgenheit*: *Laß, o Welt, o laß mich sein!*, Hebbel *Herbstbild*: *O stört sie nicht, die Feier der Natur!*).

8.10 Enthält das Gedicht direkte Reden?

Innere Perspektiven besonderer Art ergeben sich, wenn ein Gedicht direkte Reden enthält. Das ist oft der Fall bei erzählenden Gedichten und insbesondere bei Balladen. Die direkte Rede macht die Erzählung anschaulich und leiht ihr dramatische Lebendigkeit. Die Frage nach dem Sprecher des Gedichts (s. 8.1, 8.5) führt uns zu einem Erzähler, der zeitweise einzelne Handlungsträger in direkten Reden zu Wort kommen läßt. Die Erzählung wird also durch Rollenreden (s. 8.2) unterbrochen. Diese sind bei der Charakterisierung der Handlungsträger zu berücksichtigen (z.B. in Goethes *Erlkönig* die Reden des Vaters, die Lockungen des Erlkönigs, die Antworten und Rufe des Kindes). Dabei werden wir aber zugleich das Geflecht der Sprechrichtungen (s. 8.7) beachten müssen, wer also jeweils zu wem spricht (z. B. hört nur das Kind die Worte des Erlkönigs).

8.11 Was wird vom Hörer oder Leser des Gedichts erwartet?

Zur Perspektive des Gedichts gehört nicht zuletzt das Verhältnis zum Hörer oder Leser. Ein solcher ist der Interpret zwar auch, aber da seine Interpretation so objektiv wie möglich sein soll, kann er hier weder sein rein persönliches Verhältnis noch das gleichfalls subjektive eines anderen Hörers oder Lesers darstellen, sondern er muß den vom Gedicht intendierten 'idealen' Hörer oder Leser zu charakterisieren versuchen. Eine mögliche Antwort auf jene Frage wäre bereits, daß das Gedicht überhaupt kein Publikum intendiert, sei es, weil diese Verse an eine ganz bestimmte Person gerichtet waren (s. 2.3, 8.7) und nicht für spätere 'indiskrete' Leser, sei es, weil sie als rein monologische Kunstübung für niemand bestimmt waren und eigentlich hätten vernichtet werden sollen. Ist dergleichen durch eine vom Autor gebilligte Veröffentlichung auszuschließen, so können dennoch, wie so oft in der modernen Lyrik, Intentionen auf einen Rezipienten gänzlich fehlen, weil der Autor gleichwohl monologisch dichtete. Seine Verse sind voller Dunkelheiten und enthalten Anspielungen auf Unbekanntes, nehmen also auf Leser keinerlei Rücksicht. Auch dieses wäre ein interpretatorischer Befund. Andere Gedichte wiederum enthalten Worte und Wendungen als Chiffren, die nur der Leser entschlüsseln kann, der den 'Kode' kennt. Solche Gedichte intendieren einen Kreis 'Eingeweihter'. Esoterik ist ein Phänomen der Lyrik vieler

Epochen und im Grunde sogar die Bedingung für sehr artifizielle Dichtung. Daß eine Lyrik ihr eigenes Publikum sucht, ergibt sich oft schon aus dem Wortschatz (s. 4.3). Ausgeprägte Klanglichkeit (s. 6.ff.) ist ein Hinweis darauf, daß Verse hörend aufgenommen werden wollen. Andere Umstände wie Typographie, Umfang und Gedanklichkeit fordern den Leser. *Ein modernes Gedicht verlangt den Druck auf Papier und verlangt Lesen, verlangt die schwarze Letter, es wird plastischer durch den Blick auf seine äußere Struktur, und es wird innerlicher, wenn sich einer schweigend darüberbeugt.* (Benn) *Schreiben ist ein Mißbrauch der Sprache, stille für sich lesen ein trauriges Surrogat der Rede.* (Goethe) Bei vielen Gedichten wird vom Hörer oder Leser aber mehr erwartet als ein verstehendes Aufnehmen. Sie erwarten von dem Bedrückten, daß ihr Zuspruch ihn aufrichtet, von dem Ratsuchenden, daß ihre Sätze ihm helfen. Sie appellieren an einen Leser, daß er ihre Lehre beherzigt und ihren Aufruf befolgt. Nicht zuletzt erwarten gerade moderne Gedichte von ihrem Leser Aktivitäten: Fragen zu beantworten, Gedanken aufzugreifen, Deutungen zu wagen, Angefangenes zu ergänzen und das Gedicht 'weiterzudichten'.

9. ZEIT

9.1 Ist das Gedicht tages- oder jahreszeitlich situiert?

Es wurde bereits darauf hingewiesen, daß viele Gedichte aus einer bestimmten - fiktiven - Situation heraus gesprochen werden. Die Frage nach der Situierung des Gedichts (s. 1.5) sei hier nun zeitlich präzisiert. Schon mit den **Tageszeiten** ergeben sich traditionelle lyrische Situationen. Der Morgen als Beginn eines neuen Tages ist dem Gläubigen Anlaß, aufs neue dem Schöpfer Dank zu sagen (Gerhardt *Morgenlied*). Der Morgen bringt dem Leidenden nach *einer schlaflos langen Nacht* endlich den ersehnten Schlummer (Weiss *Morgen-Leis*) oder erinnert aufs neue an einen Kummer (Mörike *Das verlassene Mägdlein*). Vor allem ist der Morgen die Zeit des Aufbruchs (Goethe *Seefahrt*), damit auch des Abschieds (Mörike *Früh im Wagen*) und der Ahnung des Kommenden (Hauff *Reiters Morgenlied*). Der Mittag sodann ist die Zeit des Innehaltens, der Pause und vorübergehenden Ruhe (Eichendorff *Mittagsruh*). Auffällig bevorzugt als Tageszeit wird der Abend. Er ist die Zeit des Sonnenuntergangs und der Dämmerung als die Weile des Zwielichts zwischen Tag und Nacht (Hölderlin *Sonnenuntergang*, Eichendorff *Zwielicht*, Storm *Meeresstrand*). Da ist der Feierabend nach den Mühen des Tages (Gerhardt *Nun ruhen alle Wälder*, Hölderlin *Brod und Wein*), als Zeit des Festes (Däubler *Berauschter Abend*) und der Liebe (Jacobi *Abend*), als die Stunde der Einkehr, der Erinnerung und der Gedanken an das Ende (Gryphius *Abend*, Günther *Abendlied*, Trakl *Verfall*). Das Licht des Mondes legt sich über die Landschaft und weckt eigentümliche Empfindungen (Claudius *Der Mond ist aufgegangen*, Goethe *An den Mond*, Droste *Mondesaufgang*). So kommt die Nacht mit dem Verlangen nach Frieden und als Zeit der Ruhe (Goethe *Wandrers Nachtlied*, Eichendorff *Nachts*). Die erste Stunde nach Mitternacht gehört den Geistern (Goethe *Der Totentanz*, Mörike *Die Geister am Mummelsee*). Das Morgengrauen kündet den neuen Tag (Liliencron *Heimgang in der Frühe*, Hofmannsthal *Vor Tag*).

Eine andere Folge zeitlicher Situierungen ergeben im Wechsel der Natur die Zeiten des **Jahreslaufs**, beginnend mit dem Vorfrühling

(Hofmannsthal *Vorfrühling*), Frühlingsanfang (Uhland *Frühlingsglaube*) und Mai (Hagedorn *Der Mai*). Es folgt der Sommer in seiner lebendigen Pracht (Gerhardt *Geh aus, mein Herz, und suche Freud*), wobei seine Fülle im Gegensatz stehen kann zur eigenen Einsamkeit (Benn *Einsamer nie -*) und seine Schwüle schon an Vergänglichkeit gemahnt (Hebbel *Sommerbild*). Der Herbst ist die Zeit der Ernte und *Feier der Natur* (Salis-Seewis *Herbstlied*, Hebbel *Herbstbild*), doch damit auch das Ende des Werdens und mancher Hoffnung (Storm *Über die Heide*, Rilke *Herbsttag*). Die kalte Jahreszeit hat ihr eigenes Vergnügen (Göckingk *Als der erste Schnee fiel*). Sie kann einsam machen (Nietzsche *Vereinsamt*), aber auch zusammenführen (Trakl *Ein Winterabend*). Der Dezember bringt das Weihnachtsfest (Gryphius *Über die Geburt Jesu*) und den letzten Tag des Jahres (Droste *Am letzten Tag des Jahres*), der Januar vielleicht schon Vorzeichen des neuen Werdens (Lehmann *Ahnung im Januar*).

Zu dem Grundbestand allgemein menschlicher Metaphorik gehören die symbolischen **Entsprechungen** von Tageslauf, Jahreslauf und Lebenslauf wie Morgen/Frühling/Jugend oder Mittag/Sommer/Lebensgipfel usw. Weil Entsprechungen durch ihre Gemeinsamkeit die jeweilige Grundbedeutung bekräftigen, werden in der Lyrik bestimmte Tages- und Jahreszeiten situativ gern zusammengebracht (z.B. Frühlingsmorgen, Sommermittag), was aber Gegenläufigkeiten keineswegs ausschließt (Mörike *An einem Wintermorgen, vor Sonnenaufgang*). Andererseits bleibt die Nacht, in der sich das Ich ungehindert seinen Gedanken und Empfindungen hingeben kann, zu allen Jahreszeiten die lyrisch bevorzugte Tageszeit. Traditionell dominieren als Zeiten stimmungshaften Transzendierens freilich die Mainacht (Hölty *Mainacht*, Lenau *Der Postillon*) und die Sommernacht (Eichendorff *Mondnacht*, Keller *Stille der Welt*).

9.2 Ist das Gedicht historisch datiert?

Gemeint ist nicht die Entstehungszeit des Gedichts, die ja in jedem Fall, soweit dies noch möglich ist, zu ermitteln wäre (s. 2.5). Die Frage zielt auf einen vielleicht vorhandenen ausdrücklichen Zeitbezug. Dieser liegt bei historischen Stoffen auf der Hand. Fontanes Ballade *Die Brück am Tay* ist sogar mit der Datumsangabe (*28. Dezember 1879*) des schottischen Eisenbahnunglücks versehen. Kommentierte Werkausgaben nennen die vom Dichter benutzten Quellen sowie die Daten des historischen Ereignisses (Fontanes *John Maynard* z. B. 9.8.1841). Andernfalls muß man sich aus Geschichtsbüchern informieren, z.B. bei Platens Ballade *Der Pilgrim vor St. Just* über die Abdankung Kaiser Karls V. 1556 und seinen Rückzug ins Kloster San Geronimo de Yuste. Ist keine Jahreszahl auszumachen, so sind es doch Zeitalter, die den historischen Hintergrund bilden, wie etwa die Hugenottenkriege in Meyers Ballade *Die Füße im Feuer*. Viele klassische Balladen gehen auf antike Quellen (s. 2.4) zurück und haben einen historischen Hintergrund wie z. B. Schillers *Bürgschaft* (Tyrannis des Dionysios I. von Syrakus). Andere Balladen wiederum zeigen eine idealisierte Archaik. In einem unhistorischen Mittelalter (*in alten Zeiten*) spielt beispielsweise *Des Sängers Fluch* von Uhland.

Von anderer Art ist jener Zeitbezug, den ein Dichter zur eigenen Gegenwart herstellt. Selbstverständlich ist jedes Gedicht in Sprache, Form und Thematik ein Werk seiner Entstehungszeit. Doch nicht die entstehungsgeschichtliche Bedingtheit ist hier gemeint, sondern ein darüber hinausgehender besonderer Gegenwartsbezug. Er findet sich durchweg bei Gedichten in der Ich-Form (s. 8.3), worin das lyrische Ich dem biographischen Ich des Dichters weitgehend entspricht (s. 8.1). Gedichte dieser Art sind zuweilen auf den Tag genau datiert wie zum Beispiel Goethes Hymne *An Schwager Kronos* mit dem Entstehungsvermerk *In der Postchaise den 10. Oktober 1774* oder Brentanos für Luise Hensel geschriebene Verse *Einsam will ich untergehen* mit der Überschrift *25. August 1817*. Auf die Gegenwart des Zweiten Weltkriegs deuten schon die Jahreszahlen die Gedichte von Lehmann *Auf sommerlichem Friedhof (1944)* und Huchel *April 1945*. Meist aber muß man dem Text die Hinweise zur Datierung entnehmen. Das Sonett *Tränen des Vaterlandes* von Gryphius, bezogen auf den Dreißigjährigen Krieg, verweist auf das Jahr 1636 (*Dreimal sind's schon sechs Jahr*). Die oft zitierten *Nachtgedanken* Heines sind 1843 im Pariser Exil niedergeschrieben (*Zwölf Jahre sind schon hingegangen*). Gleichfalls im Exil entstanden Brechts Verse *An die Nachgeborenen*. Gemeinsam ist diesen Gedichten, sie mögen sich auf die eigene Situation beziehen oder als 'Zeitgedichte' auf Zeiterscheinungen, daß sie - bewußt in einer Zeitlage des Jetzt und Heute gesprochen - Gegenwärtiges zum Inhalt haben. Aufgabe des Interpreten ist dann, den für uns meist schon historischen Zeitbezug aus biographischen, literar- und allgemein historischen Quellen in seinem Zusammenhang zu erläutern.

9.3 Fehlt jeglicher Zeitbezug?

Nicht nur durch Angaben zur Tages- oder Jahreszeit oder durch historisch datierbare Hinweise wird die Zeitlichkeit eines Gedichts ersichtlich. Aufschlußreich und darum genau zu beachten sind die Tempora der Verbform, eventuell auch die Aktionsarten der Verben, ferner Präpositionen zur Kennzeichnung von Zeitverhältnissen (*seit, während, bis, nach*), ganz besonders aber die Temporaladverbien (*schon, jetzt, noch, heute, gestern, einst, dann, bald, morgen, nimmermehr*). Fehlt jeglicher Zeitbezug, ist kein Vorgang feststellbar (s. 9.4) und keine zeitliche Explikation (s. 9.5), so verdient eine solche 'Zeitlosigkeit' des Gedichts als Interpretationsbefund hervorgehoben zu werden.

9.4 Stellt das Gedicht einen Vorgang dar?

Alle erzählenden Gedichte und insbesondere alle Balladen beinhalten ja einen Vorgang, nämlich ihre Handlung. Wie bei einer Prosaerzählung haben wir als Interpreten nach der Dauer dieser Handlung zu fragen, also nach der 'erzählten Zeit'. Diese kann kurz sein und genau bestimmbar wie die dreißig Minuten Fahrtzeit der *Schwalbe* über dem Eriesee in *John Maynard* von Fontane oder die Geisterstunde von Mitternacht bis eins in Goethes *Der Totentanz*. Sie kann von unbestimmter Kürze sein wie der nächtliche Ritt des Vaters in Goethes *Erlkönig*. Sie kann von einem zum andern Tag reichen wie in Schillers Ballade *Der Ring des Polykrates* oder über viele Jahre wie in Fontanes *Herr Ribbeck auf Ribbeck im Havelland*. Lyrische Gedichte können zurückliegende Vorgänge von gleichfalls erkennbarer Dauer in Erinnerung rufen und vergegenwärtigen. Solche erlebten oder erdachten Vorgänge können Fahrten sein etwa mit einem Boot (Klopstock *Der Zürchersee*, Meyer *Im Spätboot*), mit der Postkutsche (Lenau *Der Postillon*) oder mit dem Zug (Stadler *Fahrt über die Kölner Rheinbrücke bei Nacht*), Wanderungen und Spaziergänge (Goethe *Wandrers Sturmlied*, Schiller *Der Spaziergang*, Stadler *Vorfrühling*), also zugleich räumliche Bewegungen (s. 10.6). Wenn man den Verlauf des dargestellten Vorgangs bestimmt, wird man auf seine zeitliche Gliederung achten, die in der Regel auch den Aufbau des Gedichts festlegt (s. 11.3). Vorgänge längerer Dauer sind oft durch Zeitsprünge in einzelne Bilder und Handlungssequenzen gegliedert (Droste *Die Vergeltung*, Fontane *Herr von Ribbeck*). Dies berührt bereits die folgende Frage nach den Zeitstufen.

9.5 Sind Zeitstufen erkennbar?

Greifbarste Hinweise auf zeitliche Stufung sind die Tempora der Verbformen und die Verwendung entsprechender Temporaladverbien (s. 9.3). Da die Bezugsebene der zeitlichen Stufung in der Regel die Gegenwart des Sprechers ist, ergibt sich eine **Zweistufung** Gegenwart/Vergangenheit, wenn der Sprecher in der Erinnerung zurücksieht, und eine Zweistufung Gegenwart/Zukunft, wenn er erwartend vorausblickt.

Bei Erinnerungen kann der Gegensatz von Gegenwart und Vergangenheit nachdenklich stimmen (Brecht *Erinnerung an die Marie A.*), Bilder aus der Kindheit verklären (Chamisso *Das Schloß Boncourt*) und an verlorenes Glück gemahnen (Storm *Über die Heide*). Das Bewußtsein des unwiederbringlich Verlorenen stimmt elegisch (Schiller *Die Götter Griechenlands*) und führt die Vergänglichkeit menschlichen Glücks vor Augen (Hofmannswaldau *Wo sind die Stunden*). Der Rückblick geht in Stufen noch über das Erinnerbare hinaus (Claudius *Wiegenlied bei Mondschein*) und reicht zurück in frühere Existenzen (Goethe *Warum gabst du uns die tiefen Blicke*, Lehmann *In Solothurn*).

Bei der Erwartung dagegen wendet sich der Blick aus der Gegenwart heraus in die Zukunft. Es sind oft Umstände der gegenwärtigen Situation, die an die Zukunft denken lassen, etwa eine Bewegung auf den Wellen (Stolberg *Lied auf dem Wasser zu singen*, Salis-Seewis *Lied zu singen bei einer Wasserfahrt*), die aufgehende Sonne (Hauff *Reiters Morgenlied*) oder der Abendhimmel (Hölderlin *Abendphantasie*). Hier kommen dann durch die Situation die geläufigen Entsprechungen von Tages-, Jahres- und Lebenszeiten (S. 9.1) zur Geltung. Das Ende des Tages erinnert an das Ende des Lebens (Gerhardt *Abendlied*, Gryphius *Abend*). Dichterische Phantasie erschaut im Gegenwärtigen schon die Zeichen des Künftigen (Lenz *Ein Mädele jung*, Mörike *Denk es, o*

Seele!). Für den barocken Dichter stehen die Zeitstufen in einem antithetischen Bezug: *Was jetzund prächtig blüht, soll bald zertreten werden* (Gryphius *Es ist alles eitel*). Dem Memento mori entspricht dabei das Carpe diem; die Vorstellung künftigen Verfalls mahnt zum Genuß der Gegenwart (Opitz *Ach Liebste, laß uns eilen*, Hofmannswaldau *Vergänglichkeit der Schönheit*).

Wo der Blick von der Vergangenheit sich in die Zukunft wendet und wo die Erinnerung umschlägt in Erwartung, haben wir eine zeitliche **Dreistufung**, z. B. Rückblick auf erlittene Mühsal / Müdigkeit nun / Hoffnung auf das Jenseits (Anton Ulrich *Es ist genug!*) oder Erinnerung an vergangenes Liebesglück / jetzige Einsamkeit / Bitte um Wiedervereinigung (Brentano *Der Spinnerin Lied*). Solche Dreistufigkeit kann sich als Dreiteiligkeit im Aufbau (S. 11.4) ausprägen, doch können auch die Zeitstufen mehrfach gewechselt werden (Goethe *Römische Elegien VII*).

Sogar die Bezugsebene der zeitlichen Stufung kann aufgegeben werden, indem etwa ein gegenwärtiges Geschehen plötzlich als schon vergangenes bezeichnet wird (Heym *Der Krieg*), die Zukunft als Gegenwart erscheint (Hölty *Auftrag*) oder Erinnerungen aus ihr vorweggenommen werden (Hesse *Landstreicherherberge*). Völlige Aufhebung der Zeitstufung sowie Vertauschung von Zeit- und Raumangaben sind Stilmittel der modernen Lyrik.

10. RAUM

10.1 Ist das Gedicht geographisch lokalisiert?

Durch den Rückgriff auf einen Stoff ergibt sich bei erzählenden Gedichten mit der Datierung (s. 9.2) in der Regel auch eine geographische Lokalisierung. Biblische Stoffe führen in den Orient (Babylon: Heine *Belsazar*). Schillers klassische Balladen spielen im alten Griechenland (Samos: *Der Ring des Polykrates*, Korinth: *Die Kraniche des Ibykus*) und im deutschen Mittelalter (Aachen: *Der Graf von Habsburg*). Fontane verwertete auch Berichte von Zeitereignissen (Dundes: *Die Brück' am Tay*, Eriesee: *John Maynard*). Geographisch lokalisiert sind ferner Gedichte, die sich auf bestimmte Stätten beziehen (Cleversulzbach: Mörike *Auf das Grab von Schillers Mutter*), auf Dinge und Wesen an besonderen Stellen ('Dinggedichte', Park der Villa Borghese in Rom: Meyer *Der römische Brunnen*, Jardin des Plantes in Paris: Rilke *Der Panther*), auf Erlebnisse an bestimmten Orten und in bekannten Landschaften (Klopstock *Der Zürchersee*, Goethe *Harzreise im Winter*, Stadler *Fahrt über die Kölner Rheinbrücke bei Nacht*). Manchmal sind die Orte zwar nicht genannt, doch aus der Biographie des Dichters eindeutig erschließbar (Straßburg/Sesenheim: Goethe *Willkommen und Abschied*, Husum: Storm *Die Stadt*).

10.2 Ist das Gedicht auf andere Weise lokalisiert?

Auch wenn das Gedicht nicht geographisch lokalisiert ist, so hat es zumeist dennoch einen erkennbaren Ort. Wird eine Handlung wiedergegeben, so zielt die landläufige Frage nach dem 'Schauplatz' des Gedichts, an dem es 'spielt'. Bei lyrischen Gedichten wäre - entsprechend zur zeitlichen (s. 9.1) - nach der räumlichen Situierung zu fragen, die sich sehr oft aus der Situation des Sprechers ergibt. Der Ort (Topos) des Gedichts kann das Gemach eines Hauses sein (Mörike *Auf eine Lampe*, Droste-Hülshoff *Durchwachte Nacht*) oder der Saal eines Schlosses (Goethe *Der König in Thule*, Uhland *Des Sängers Fluch*), die Zelle eines Kerkers (Schubart *Erstickter Preisgesang*), die Laube eines Gartens (Jacobi

Abend) oder ein offenes Feld (Nietzsche *Vereinsamt*). Es gibt geschlossene und offene, enge und weite Räume. Die Art der Räumlichkeit ist bei der Interpretation deutlich zu machen. Es gibt traditionelle lyrische Topoi wie zum Beispiel seit der Empfindsamkeit den Friedhof als Ort nächtlicher Gedanken (Klopstock *Die frühen Gräber*, Hölty *Elegie auf einen Dorfkirchhof*) oder für Balladen das Gestade am Meer (Schiller *Der Taucher*, Uhland *Der blinde König*). Und es gibt irreale Orte wie etwa die Unterwelt als *Der Seelen wunderliches Bergwerk* (Rilke *Orpheus. Eurydike. Hermes*).

10.3 Zeigt das Gedicht überhaupt Räumlichkeit?

Selbst wenn kein Ort erkennbar ist, kann einem Gedicht dennoch Räumlichkeit eigen sein, insofern das darin Vorgestellte Lagen einnimmt, räumliche Verhältnisse bestehen sowie Bewegungen und deren Richtungen deutlich werden. Wir hätten also nicht nur auf Nomen zu achten, die Orte angeben, sondern bereits auf Verben der räumlichen Bewegung (*bringen, fahren, fließen, gehen holen, jagen, kommen, laufen, steigen, stürzen, tragen, treiben, ziehen*), insbesondere auf solche mit einem lokalen Verbzusatz (*an-, auf-, bei-, durch-, ein-, fort-, hin-, über-, unter-, weg-*), der eine Richtung bezeichnet. Zu beachten sind alle Lokaladverbien (*da, dort, droben, drunten, hier, hierher, dahin, abwärts, aufwärts* usw.) und Präpositionen, die räumliche Verhältnisse anzeigen (*an, auf, bei, in, über, unter, vor, zwischen*). Das Fehlen jeglicher Räumlichkeit verdient ebenso vermerkt zu werden wie eine etwaige 'Zeitlosigkeit' (s. 9.3). Freilich ist fehlende Räumlichkeit weniger selten. Raumlos sind trotz ihrer Gerichtetheit (s. 8.7f.) manche Anreden (Opitz *Ach Liebste, laß uns eilen*, Goethe *An die Günstigen*); raumlos ist insbesondere die unbildliche Gedankenlyrik, sind Reflexionen, allgemeine Feststellungen und Lehrgedichte (Logau *Heutige Weltkunst*, Goethe *Natur und Kunst*).

10.4 Wird von einem Standort aus etwas betrachtet?

Viele lyrische Gedichte sind Betrachtungen, die der Sprecher (meist ist es ein Ich) von seinem Standort aus anstellt. Es gibt hierzu besonders geeignete und darum bevorzugte Standorte. Die räumliche Situierung ist dabei oft abhängig von der zeitlichen (s. 9.1). In seinem Bett lauscht der Schlaflose den Geräuschen der Nacht (Droste *Durchwachte Nacht*) und des beginnenden Tages (Britting *Im Tiroler Wirtshaus*) und erblickt dessen erstes Licht (Mörike *An einem Wintermorgen, vor Sonnenaufgang*). Von besonderer Bedeutung ist in diesem Zusammenhang die räumliche Relation von Standort und Gegenstand der Betrachtung. Zumal wenn sie Gegensätze erkennen läßt (nah/fern, innen/außen, eng/weit), kann diese Relation zugleich symbolische Bedeutung haben für die Stimmung und Befindlichkeit des lyrischen Ichs. Da gibt es in horizontaler Richtung den Blick aus dem Fenster ins Freie (Eichendorff *Sehnsucht*, Goes *Am Gartenfenster*). Da gibt es in der Vertikalen den Blick von der Höhe eines Gebäudes hinab auf den Grund (Eichendorff *Lockung*) oder auf die Fläche eines Sees (Droste *Am Turme*), vor allem aber den Aufblick zum nächtlichen Sternenhimmel (Gryphius *An die Sternen*, Claudius *Sternseherin Lise*, Keller *Unter Sternen*) und silbern glänzenden Mond (Claudius *Abendlied*, Goethe *An den Mond*) und am Tage den Blick zum Himmelsblau (Droste *Im Grase*, Brecht *Erinnerung an die Marie A.*).

10.5 Wechselt die Richtung der Betrachtung?

Mit dem Wechsel der Betrachtungsrichtung können auch Gedanken und Empfindungen wechseln. Eine Bewegung wird beschrieben; das Gedicht spiegelt einen Prozeß. Indem wir darauf achten, was nacheinander in den Blick tritt und wie also die Betrachtungsrichtungen wechseln, gewahren wir in solcher Schwenkbewegung eine räumliche Kurve, zu der es vermutlich eine Entsprechung in der seelischen Bewegung gibt. In dem Gedicht *Kirschblüte bei der Nacht* von Brockes betrachtet das Ich *In kühler Nacht beim Mondenschein* einen blühenden Kirschbaum, wundert sich über die Helligkeit seiner Blüten, bis der Blick hinauf geht zu einem noch weißer glänzenden Stern. Der durch diesen Wechsel mögliche Vergleich gibt Anlaß zu erbaulichen Gedanken über die himmlische Allmacht. In Eichendorffs *Mondnacht* nimmt das Ich gleichfalls zunächst einen nahen *Blütenschimmer* wahr. Der Blick reicht dann aber weiter zu den wogenden Kornfeldern, zu den in der Ferne rauschenden Wäldern und erhebt sich schließlich zum Sternenhimmel, wo die Seele wie ein Vogel den Weg sucht in ihre ewige Heimat. Mit einem solchen Aufschwung beschließt auch Hölderlin den ersten Teil seiner Elegie *Brod und Wein*, wandert hier doch der Blick von den erleuchteten Gassen der abendlichen Stadt zum verlassenen Marktplatz, zu den Gärten und rauschenden Brunnen, steigt dann allmählich an, wobei auditive Eindrücke die visuellen ergänzen: Vom Turm *ertönen geläutete Glocken*, aus der Höhe *kommet ein Wehn und regt die Gipfel des Hains auf*, und schließlich steigt hinter dem Gebirgen der Mond auf und am dunkelnden Himmel erglänzen die Sterne. Im Gegensatz hierzu senkt sich der Blick in Trakls Gedicht *Verfall* von den *herbstlich klaren Weiten* des Himmels hinab zu dem *dämmervollen Garten*, seinen *rostigen Gittern* und endet am Boden, wo um *dunkle Brunnenränder* sich *fröstelnd blaue Astern neigen*. Das Thema des Gedichts bestimmt auch die Blickbewegung. Die Kurve dieser Bewegung muß keine eindeutige Tendenz zeigen; sie kann mehrfach steigen und fallen. Ein beschwingtes Auf und Ab entdeckt man in Goethes Gedicht *Frühzeitiger Frühling* aus der Folge der Substantive: von der *Sonne* über *Hügel* und *Wald* hinab zum *Bächlein*, wieder aufwärts durch *Wiesen* und *Tal* zur *Blauliche[n] Frische*, von *Himmel und Höh'* aufs neue hinab zu den *Fische[n]* im *See*, dann wieder aufwärts und so fort.

10.6 Wird eine Bewegung beschrieben?

Ein Wechsel ergibt sich von selbst, wenn eine Bewegung beschrieben wird (Bewegung als Vorgang s. 9.4). Dies ist der Fall, wo sich das Ich selbst bewegt und auf seiner Fahrt immer Neues gewahrt. Goethes Hymne *An Schwager Kronos* ist eine solche Fahrt mit dem Postwagen. Im anderen Falle bewegt sich das Beschriebene und der Sprecher begleitet diese Bewegung. Beispielhaft hierfür ist Goethes Hymne *Mahomets Gesang* mit dem Weg der Quelle, die zum Bach, zum Fluß und endlich zum Strom wird, der sich ins Meer ergießt. In beiden Fällen hat die räumliche Bewegung symbolische Bedeutung: dort ist im genialischen Daseinsgefühl die Fahrt ins Leben gemeint, hier der Weg des Propheten und seiner wachsenden Gefolgschaft. Bei der räumlichen Bestimmung der Bewegung (wer, was, wie, wo, woher, wohin?) hätten wir also auch nach einer möglicherweise bildlichen Bedeutung (s. 7.7) zu fragen. Bestimmte Weisen der Fortbewegung sind in der Lyrik motivisch mannigfach genutzt worden. Der Spaziergang gibt Gelegenheit zu Beobachtungen und Reflexionen

(Gerhardt *Geh aus, mein Herz, und suche Freud*, Schiller *Der Spaziergang*, Liliencron *Heimgang in der Frühe*, Stadler *Vorfrühling*). Der Ritt weitet den Handlungsraum vieler Balladen (Bürger *Lenore*, Goethe *Erlkönig*, Schwab *Der Reiter und der Bodensee*, Mörike *Der Feuerreiter*). Mit ihrem traditionellen Bestand nautischer Metaphern bietet sich insbesondere die Seefahrt immer wieder zur bildlichen Verdichtung an (Stolberg *Lied auf dem Wasser singen*, Goethe *Auf dem See* und *Seefahrt*, Meyer *Im Spätboot*).

11. AUFBAU

11.1 Gliederung und Zusammenhang der Teile

Um den Aufbau eines Gedichtes zu erfassen, sollte man zunächst seine **Gliederung** bestimmen, d. h. die **Teile**, aus denen es besteht, bzw. die Wendepunkte, an denen sein Verlauf eine andere Wendung nimmt. Es gibt Gedichte, deren Gliederung schon äußerlich am Druckbild erkennbar ist (s. 11.2). Bei anderen unterscheiden sich die Teile deutlich durch Wechsel in der Darstellungsweise (s. 11.3). Weil es aber mehr oder weniger ausgeprägte Gliederungen gibt, muß man auch mit Übergängen rechnen, mit schwer bestimmbaren Teilen oder mit völliger Homogenität. Je nach der Zahl der Teile gibt es zwei-, drei- oder mehrteilige Gedichte (s. 11.4). Entscheidend für den Aufbau ist, wie die Teile miteinander **zusammenhängen**. Aus der Art des Zusammenhangs ergibt sich der Kompositionstyp (s. 11.5). Dieser kann bereits durch die Zugehörigkeit eines Gedichts zu einer Gattungsform mit ihren eigenen Gesetzen festgelegt sein (s. 11.6). Neue Möglichkeiten wurden und werden in der modernen Lyrik gefunden und erprobt (s. 11.7).

11.2 Läßt schon das Druckbild eine Einteilung erkennen?

Wie schon erwähnt wurde (s. 3.14), zeigt sich die Gliederung eines Gedichts oft schon im Druckbild, etwa bei Liedern und Balladen in der Form von **Strophen**. Wort- oder gar Verswiederholungen am Anfang oder Ende jeder Strophe (Kehrreim, Refrain) unterstreichen deren Einheitlichkeit; Strophenenjambements dagegen (s. 5.1) stellen sie in Frage. Weil Strophen stets gleich gebaut sind, sind sie nicht immer zugleich Teile des Aufbaus, denn dieser verlangt ja oft ungleiche Teile. So kann es sein, daß jeder Gliederungsteil aus einer oder mehreren Strophen besteht, diese also vielleicht nur Untereinheiten sind. Auch muß mit der Möglichkeit gerechnet werden, daß die Gliederung eine Strophe teilt. Teilung von Strophen und Strophenenjambements deuten auf einen Widerspruch zwischen äußerer Einteilung und innerer Gliederung des Gedichts hin.

Damit ist nicht zu rechnen, wo ein unstrophisches Gedicht durch größere Zeilenabstände in - meist ungleich lange - **Abschnitte** geteilt ist, sollen diese doch die Gliederung des Gedichts sinnfällig machen. Die Einteilung in zahlreiche Abschnitte schließt freilich die Zusammengehörigkeit einzelner Abschnitte zu einem größeren Teil nicht aus. Auch hier kann die Gliederung ja gestuft sein.

11.3 Stellen Sie die innere Gliederung des Gedichts fest.

Auch wenn sie nicht im Druckbild erkennbar ist, besitzt das Gedicht doch fast immer eine innere Gliederung. Um diese festzustellen, empfiehlt es sich, auf die folgenden Kriterien zu achten. Weil Dichtung wesentlich gesprochene Sprache ist, können Gliederungen auch hörbar gemacht werden. Diese Kennzeichnung ist gegenüber der visuellen im Druckbild sogar die ursprünglichere. Vernehmbar wird sie durch **Wiederholungen**. Achten Sie also zunächst einmal darauf, ob in dem Gedicht bestimmte Wendungen oder sogar einzelne Verse wiederholt werden. Hier interessiert nun nicht mehr die Wiederholung in unmittelbarer Folge etwa zum Zweck der Ausdruckssteigerung (s. 5.8). Gemeint sind wörtliche Wiederholungen in Abständen als Zeichen der Gliederung. Durch die Wiederholung wird an Früheres erinnert, wird das eine mit dem anderen verknüpft, aber damit zugleich das eine von dem anderen unterschieden und so das Ganze gegliedert. Ein wichtiges Kriterium für die innere Gliederung ist die Änderung der **Perspektive**. Wo etwa die Aussprache zur Ansprache wird (s. 8.6f.), ein Du oder Wir angesprochen wird oder das Ich sich selbst anredet (s. 8.8f.), wo immer die Richtung des Sprechens sich ändert, wo direkte Reden eingefügt werden oder Rede und Gegenrede wechseln (s. 8.10), dort können Einschnitte liegen, an denen jeweils ein neuer Teil des Gedichts beginnt. Dasselbe gilt für **räumliche** Wechsel, wo der Schauplatz des Geschehens sich ändert, bei einer Bewegung der eine Ort verlassen und ein anderer erreicht wird oder wo die Richtung der Betrachtung wechselt (s. 10.5). Ein weiteres mögliches Indiz ist die Änderung der **zeitlichen** Verhältnisse. Besitzt das Gedicht eine zeitliche Gliederung, so bestimmt diese auch zumeist den Aufbau des Gedichts. Zu achten wäre auf die Phasen von Vorgängen (s. 9.4), auch Wechsel der Tempora, auf zeitliche Sprünge und Zeitstufen (s. 9.5). Abläufe können sich zu einer Folge von Bildern verdichten. Zu achten wäre auf Umschwünge in der gedanklichen und seelischen Bewegung des Gedichts und überhaupt auf Wechsel der **Darstellungsweise**. Da wird eine vorausgegangene Beschreibung zusammengefaßt, aus Gründen eine Schlußfolgerung gezogen, zu einer Lehre ein Exempel gegeben; da mündet eine Erzählung in den Ausdruck einer Empfindung, ein solcher leitet über zu einer Reflexion usw. Wir finden unsere Annahmen zur Gliederung bestätigt, wo mehrere der genannten Kriterien zugleich gegeben sind, also etwa mit der Perspektive auch die räumlichen und zeitlichen Verhältnisse wechseln oder die Darstellungsweise sich ändert. Nicht selten unterscheiden sich die Teile auch stilistisch: Satzbau, Rhythmus und Klang ändern sich.

11.4 Aus wieviel Teilen besteht das Gedicht?

Ist es uns gelungen, die Gliederung des Gedichts herauszufinden, so können wir nun auch seine Teile näher bestimmen. Die Art und Funktion der Teile erkennen wir aus ihrem jeweiligen Bedeutungsgehalt. Bei der begrifflichen Bestimmung können die folgenden Hinweise vielleicht eine Hilfe sein, gibt es doch traditionelle Schemata der Teilung. Haben wir ein einfach geteiltes Gedicht, so besteht es in der Regel aus **zwei** verschiedenen Teilen A und B. Diese beiden Teile können etwa sein: These/Antithese, Zustimmung/Ablehnung, Spannung/Lösung, Äußeres/Inneres, Nähe/Ferne, Einst/Jetzt, Rückblick/Ausblick, Persönliches/ Allgemeines, Kontemplation/Aktion, Verlangen/Erfüllung, Exempel/Lehre, Beschreibung/Deutung, Bild/Sinn. Besteht das Gedicht aus **drei** Teilen, so können es drei verschiedene Teile A, B und C sein, also etwa: These/Antithese/Synthese, Hinführung/ Durchführung/Auflösung, Vergangenheit/Gegenwart/Zukunft. Es kann aber auch zwei gleichartigen Teilen A und A ein dritter B von anderer Art folgen. Solche Abfolge AAB finden wir beispielsweise in der alten Liedbauform Stollen/Stollen/Abgesang. Wo dagegen der dritte Teil dem ersten wieder entspricht, hätten wir die Abfolge ABA, wenn zum Beispiel die Gedanken und Empfindungen, vom Nahen ausgehend, zum Fernen schweifen und dann wieder zum Nahen zurückkehren. Entsprechend können **vier-** und **mehrteilige** Gedichte in mannigfacher Weise aus gleich- und verschiedenartigen Teilen aufgebaut sein (AAAB, ABAB, ABAC usw.).

11.5 Wie hängen die Teile zusammen?

Schon die Bestimmung der Teile erfordert es, daß wir auf ihren Zusammenhang achten. Diesen müssen wir uns nun insgesamt vergegenwärtigen, um den Aufbau des Gedichts beschreiben zu können. Waren die Teile nur schwer voneinander abgrenzbar und sind die Übergänge fließend, so besitzt das Gedicht vielleicht einen eher **organischen** Aufbau, bei dem sich die Gedanken und zumal die Empfindungen aus einem anfänglichen 'Keim' allmählich entfalten und entwickeln. Ein **tektonischer** Aufbau dagegen zeigt eine deutliche Gliederung. Die Teile, aus denen sich das Gedicht aufbaut, können gleichartig oder verschiedenartig sein. Das Prinzip, nach dem gleichartige Teile aufeinander folgen, ist die **Reihung** (AA ...). Da reiht sich ein Bild an das andere; das ganze Gedicht ist eine Bilderfolge. Volkstümliche Lieder bevorzugen die Reihung mit der Wiederkehr der gleichgebauten, die Melodie wiederholenden Strophen. Die Folge der Gedanken, Eindrücke und Episoden ist offen. Sie kann grundsätzlich verlängert werden, etwa bei heiteren Erzählliedern, bei Bedarf aber auch verkürzt, wie zum Beispiel bei Kirchenliedern. Kunstvollere Lyrik führt die Reihung meist zu einem erkennbaren Abschluß (AA ... B), sei es, daß die Reihe zugespitzt mit einer **Pointe** schließt oder daß aus dem Vorangegangenen die **Summe** gezogen wird in der Weise einer Zusammenfassung oder einer daraus gezogenen **Konsequenz**. Eine solche zu ziehen, bedarf es aber keineswegs einer Reihe. Daß sich gedanklich oder stimmungsmäßig aus A ein B ergibt, ist ja nur eine Möglichkeit unter vielen anderen bei der Abfolge verschiedenartiger Teile. Hier ist dann das Prinzip die **Wendung** (...AB...), insofern die Gedanken und Empfindungen eine deutliche Wendung nehmen, etwa rückblickend vom Jetzt zum Einst, reflektierend von der eigenen Befindlichkeit zur Erkenntnis eines Daseinsgesetzes, vom Wunsch zur ausgesprochenen Bitte usw. Derartige Wendungen als Umschwünge können dem Gedicht einen **peripathetischen** Aufbau geben, dabei auch mehrfach vorkommen. So ist wohl die häufigste Bauform die der Abfolge verschiedenartiger Teile (ABC ...). Einzelne Folgen können auf verschiedenen Sinnebenen wiederholt werden (ABC A'B'C'). Die besondere Geschlossenheit des **zyklischen** Aufbaus ergibt sich durch Wiederaufnahme des Anfangs am Schluß (ABC ... A).

11.6 Wird der Aufbau bereits durch die Gesetze einer Gattungsform bestimmt?

Es gibt eine Reihe von lyrischen Gattungsformen mit eigenen Aufbaugesetzen, die bei der Interpretation des Gedichts selbstverständlich berücksichtigt werden müssen. Aus sechs sechszeiligen und einer dreizeiligen Strophe am Schluß mit sehr kunstvoller Reimordnung besteht die **Sestine**, deren Dreizeiler als sogenanntes 'Geleit' in wörtlicher Wiederholung der vorangegangenen Versschlüsse das ganze Gedicht abschließt. Die **Glosse** dagegen beginnt mit der Bündelung, werden bei ihr doch die vier Zeilen des vorangestellten Mottos von den folgenden Strophen inhaltlich aufgenommen und jeweils im letzten Vers wörtlich wiederholt. Etwas freier ist das **Rondeau**, bei dem die Anfangsworte der ersten Zeile in der Mitte der achten und am Schluß der dreizehnten Zeile wiederkehren, wodurch das ganze Gedicht eine Zweiteilung erfährt. Aus drei Teilen besteht die im Barock sehr geschätzte **pindarische Ode**, nämlich aus 'Strophe', gleichgebauter 'Antistrophe' und frei geformter 'Epode'. Weil sie später als gekünstelt empfunden wurden, ist von diesen und manchen anderen Formen, die aus der antiken, der italienischen und der französischen Lyrik übernommen wurden, nur das **Sonett** bis heute lebendig geblieben. Es besteht aus zwei Quartetten und zwei Terzetten, wobei das zweite Quartett das im ersten begonnene Thema in der Regel variiert und das folgende Terzett dann eine Wendung bringt, etwa mit der Angabe eines Gegensatzes, mit einer gedanklichen Verallgemeinerung, einem Wechsel in der Sprechrichtung o.ä. (4+4 / 3+3). In der abgewandelten englischen Form (Shakespeare-Sonett) wird dagegen eine Folge von drei Quartetten von einem Reimpaar epigrammatisch abgeschlossen (4+4+4 / 2).

11.7 Handelt es sich um ein modernes Gedicht?

Besondere Schwierigkeiten, ihren Aufbau zu bestimmen, bereiten oft moderne Gedichte. Da besteht das ganze Gedicht aus einem konditionalen Satzgefüge (Schaefer *Eurydike*) oder aus einem geschlossenen Schreibmaschinenzeilenblock (Bremer *mir die zeit vertreiben*). Das Ungewohnte, nicht selten willkürlich Anmutende verwirrt, sollte aber nicht abschrecken. Vielmehr sind eine unbefangene Aufgeschlossenheit und der Vorsatz, den Text probierend zu 'enträtseln', die besten Voraussetzungen, der modernen Lyrik gerecht zu werden, bleibt doch gerade bei ihr jede Interpretation nur ein Deutungsversuch. Auffällig an der Komposition vieler moderner Gedichte ist das **Nebeneinander** ganz verschiedener Bedeutungsbezirke. Da steht Verschiedenartiges isoliert und fremd nebeneinander, oder da wird durch die Mittel einer **Einblendungstechnik** in den einen Bezirk ein zweiter eingeblendet. Durch **Montage** werden Textpartien unterschiedlicher Provenienz zusammengefügt oder gegeneinandergestellt (Bachmann *Reklame*). Ein anderes Kompositionsprinzip ist die **Abwandlung**. Das Gedicht geht zum Beispiel von Wortfügungen aus, die in der Folge attributiv wechselnd ergänzt und dabei variiert werden (Celan *Assisi*). So entstehen sogar Entsprechungen zu musikalischen Kunstformen (Celan *Todesfuge*). Oder da wird ein Titelthema in einer Vorstellungsfolge durchvariiert (Fritz *Heute noch*). Bei der sogenannten **seriellen Lyrik** werden die Anfangsverse nach dem mathematischen Prinzip der Permutation durch Vertauschung und Modifikation in immer neue Kombinationen gebracht (Jandl: *auf der hollywoodschaukel*). Auf eine Gefahr, die dem literarisch weniger Bewanderten droht, sei hier besonders hingewiesen. Wo die Abwandlung bis zur Kontrastierung geführt wird, um Gegensätze zu bezeichnen, arbeiten moderne Dichter gern mit literarischen Zitaten, die sie dann verfremden. Der Reiz dieses alten und zu **Kontrafakturen** viel genutzten Kunstmittels beruht darauf, daß der Hörer oder Leser das nicht genannte Original wiedererkennt und so den Hintersinn des Gegensatzes erfaßt (in bezug auf Lieder Goethes z. B. *Wandrers Nachtlied* von Käufer oder gar von Kästner *Kennst Du das Land, wo die Kanonen blühn?*; Enzensberger *bildzeitung* mit satirisch verfremdetem Hölderlin-Zitat: *stiftet lieber, was bleibet: die dummheit*). Rechnen Sie also mit derartigen Zitaten, und ziehen Sie als Interpret gegebenenfalls das Original heran, um den Bedeutungsgegensatz herausstellen zu können, zumal die Texte in der Form oft übereinstimmen.

12. ZUSAMMENHANG

12.1 Von den Einzelheiten zu den Zusammenhängen

Es ist an der Zeit, die gewonnenen Einzelergebnisse und interpretatorischen Teilbefunde zu sichten und für die beabsichtigte Darstellung zu ordnen. Wichtig ist hierbei vor allem die Feststellung von Zusammenhängen. Notwendigerweise mußte sich die bisherige Untersuchung einem Aspekt nach dem anderen zuwenden. Als Interpret dürfen Sie sich aber nicht damit begnügen, Ihre Beobachtungen in dieser Reihenfolge vorzutragen. Der nun zu findende Weg der Darstellung verläuft anders als der bisher gegangene Weg der Untersuchung. Als sprachliches Kunstwerk ist das Gedicht - dies muß die Interpretation deutlich machen - ein vielfältiger Wirkungszusammenhang.

12.2 Wo zeigen sich Zusammenhänge zwischen der Thematik und den anderen untersuchten Aspekten?

Unsere Untersuchung begann bei der Thematik des Gedichts (s. 1.). Nun gehen wir unsere Beobachtungen durch und halten Ausschau nach Besonderheiten, die seiner Thematik entsprechen. Da wären zunächst die Umstände der Entstehung (s. 2.). Die Stimmung und Situation des lyrischen Ichs wird vielleicht verständlicher aus den Entstehungsbedingungen des Gedichts und der persönlichen Situation des Dichters. Vielleicht zeigen sich aber auch bemerkenswerte Unterschiede oder gar Widersprüche zwischen biographischen Gegebenheiten und der dichterischen Gestaltung. Entspricht das Versmaß (s. 3.) der Thematik? Hat diese sich auf die Wortwahl (s. 4.) und den Satzbau (s. 5.) ausgewirkt? Fehlende oder vorhandene Musikalität, Glätte oder Härte in den Fügungen (s. 6.) sind Stilistika, die mit dem Inhalt in einem Zusammenhang stehen oder, was kritisch festzustellen wäre, ihn vermissen lassen. Entsprechendes gilt für die Bildlichkeit (s. 7.). Gewiß gibt es einen Zusammenhang zwischen der Thematik des Gedichts und seiner Perspektive (s. 8.) sowie seiner zeitlichen (s. 9.) und räumlichen Situierung (s. 10.). Wären auch andere Lösungen denkbar gewesen?

Und schließlich muß nach der Relevanz des Aufbaus (s. 11.) für die Thematik und umgekehrt gefragt werden.

12.3 Wo zeigen sich Entsprechungen bei den Darstellungsmitteln?

Nicht nur zwischen Gehalt und Form, auch zwischen den Darstellungsmitteln untereinander lassen sich Zusammenhänge entdecken. Da wäre etwa, geht man vom Versbau (s. 3.) aus, dessen Beziehung zum Satzbau (s. 5.) zu untersuchen oder der Beitrag der gewählten Reime zum Klang des Gedichts (s. 6.). Von der Wortwahl her (s. 4.) stellt sich die Frage nach deren Relevanz für den Satzbau (s. 5.), für den Klang des Gedichts (s. 6.), seine Bildlichkeit (s. 7.) und sogar für die Perspektive (s. 8.), nötigt doch eine Adressierung des Gedichts auch zu Konsequenzen für den Wortschatz. Ergab die Untersuchung des Satzbaus (s. 5.) zum Beispiel eine Reihe von Anaphern (wie etwa in Höltys *Aufmunterung zur Freude*: <u>Noch</u> rinnt und rauscht die Wiesenquelle, / <u>Noch</u> ist die Laube kühl und grün, / <u>Noch</u> [...]), so kann der Klang (s. 6.) zugleich durch Alliterationen und Assonanzen (<u>r</u>innt und <u>r</u>auscht, <u>kü</u>hl und gr<u>ü</u>n) bestimmt sein. Verschiedenartige Stilmittel wirken zusammen und verstärken sich. Der Interpret hat solches Zusammenwirken deutlich zu machen. Das folgende Schema verzeichnet die häufigsten Zusammenhänge:

Zusammenhang

von:	mit:
Versbau	Wortwahl, Satzbau, Klang, Aufbau
Wortwahl	Satzbau, Klang, Bildlichkeit, Perspektive
Satzbau	Klang, Perspektive, Aufbau
Klang	Bildlichkeit, Perspektive
Bildlichkeit	Zeit, Raum, Aufbau
Perspektive	Zeit, Raum, Aufbau
Zeit	Raum, Aufbau
Raum	Aufbau

12.4 Sondern Sie die wichtigsten Feststellungen von den nur beiläufigen.

Sie haben im Verlaufe der bisherigen Untersuchung vermutlich zahlreiche Einzelheiten und Zusammenhänge festgestellt. Jetzt müssen Sie die wichtigsten auswählen, denn es wäre der Verderb Ihrer Interpretation, würden Sie in ihr das ganze Material ausbreiten. Da eine exakte Vollständigkeit auf dem Felde der Geisteswissenschaften ohnehin nicht erreichbar ist, müssen Sie Schwerpunkte setzen und dürfen dabei sogar jene Aspekte ganz übergehen, die sich für das untersuchte Gedicht als nebensächlich erwiesen haben.

12.5 Überlegen Sie sich eine zweckmäßige Gliederung.

Haben Sie sich für eine eng begrenzte Zahl von Einzelheiten und Zusammenhängen entschieden, kommt es darauf an, diese sachlich so zu ordnen, daß sich aus dieser Ordnung die Gliederung Ihrer Interpretation ergibt. Da jede Gliederung ein Nacheinander angibt, die Darstellung aber Gleichzeitiges deutlich machen soll, besteht die Schwierigkeit darin, sachliche Überschneidungen möglichst zu vermeiden; ganz vermeidbar sind sie wohl nie. Altbewährt ist der biographisch-genetische Beginn mit der Entstehungsgeschichte des Gedichts. Neuerdings ist die Gepflogenheit aufgekommen, mit einem Beleg zur Wirkungsgeschichte einzusetzen. Auch der subjektive Einstieg mit der Wiedergabe persönlicher Eindrücke mag erlaubt sein. Reizvoll ist es, wo eine solche sich finden läßt, mit einer scheinbar nebensächlichen, tatsächlich aber aufschlußreichen Einzelheit zu beginnen, um von ihr aus Schicht um Schicht die Struktur des Gedichts freizulegen.

12.6 Bemühen Sie sich um eine verständliche Darstellung.

Wer sich als Interpret ausgiebig mit einem Gedicht beschäftigt hat, vergißt leicht, wenn er darüber zu anderen spricht, daß diesen der Text durchaus nicht so vertraut ist wie ihm. Versuchen Sie darum, sich auf den Kenntnisstand Ihrer Hörer oder Leser einzustellen, erleichtern Sie das Verständnis Ihrer Deutung dadurch, daß Sie die von Ihnen gemeinten Gedichtstellen immer wieder im Wortlaut anführen und - last not least - verwenden Sie nach Möglichkeit allgemeinverständliche Bezeichnungen.

DIE HÄUFIGSTEN VERSMASSE

EINHEBER

Miniverse mit lediglich einer Hebung kommen fast nur in Verbindung mit mehrhebigen Versen vor, etwa der **jambische Einheber** x X oder der **daktylische Einheber** X x x in Verbindung mit Zweihebern (*Wie lebt, / Wie hebt, / Wie strebt / Das Herz in mir* Goethe, *Fröhlicher, / Seliger, / Herrlicher Tag* Goethe).

ZWEIHEBER

Die kurzen **Zweiheber** gibt es **trochäisch** mit männlicher Kadenz X x X (*Viere lang / Zum Empfang* Liliencron) oder mit weiblichem Versschluß X x X x (*Aus der Wolke / Quillt der Segen* Schiller). Beliebter sind die **jambischen Zweiheber**, zumal für kleine Lieder: männlich x X x X (*Du bist die Ruh* Rückert) und weiblich schließend x X x X x (*Ich ging im Walde* Goethe). In ähnlicher Verwendung und meist mit Kadenzenwechsel finden sich **daktylische Zweiheber** ohne Auftakt X x x X (x), der sog. **adonische Vers** (*Heute, nur heute / Bin ich so schön* Storm), und mit Auftakt x X x x X (x) (*Komm, Liebchen, es neigen / Die Wälder sich dir* Jacobi). Diese kurz wiegende Versbewegung, schon im Barock geschätzt (*O liebliche Wangen* Fleming, *Die güldene Sonne* Zesen), wurde auch von Goethe gern benutzt (*Die Nebel zerreißen, / Der Himmel ist helle*).

DREIHEBER

Wenig gebräuchlich sind **trochäische Dreiheber**, entweder weiblich schließend X x X x X x (*Bunt sind schon die Wälder* Salis-Seewis) oder mit männlichen Versen X x X x X im Wechsel (*Freiheit, die ich meine, / die mein Herz erfüllt* Schenkendorf). Um so häufiger findet man mit Kadenzwechsel und der Freiheit, die Senkungen gelegentlich zu verdoppeln, den **jambischen Dreiheber** x X x X x X (x) in Volksliedern (*Es ist ein Ros entsprungen, Mit Lieb bin ich umfangen*), geistlichen Liedern (*O Haupt voll Blut und Wunden*

Gerhardt, *Der Mond ist aufgegangen* Claudius) und in volkstümlichen Liedern der Romantik (*In einem kühlen Grunde* Eichendorff, *Am Brunnen vor dem Tore* Uhland). Entsprechend sind auch die bewegten **daktylischen Dreiheber** ohne Auftakt X x x X x x X (x) (*Quellende, schwellende Nacht* Hebbel) seltener als jene mit Auftakt x X x x X x x X (x) (*Wir ruhen, vom Wasser gewiegt* Salis-Seewis, *Ich weiß nicht, was soll es bedeuten* Heine).

VIERHEBER

Schon vor dem Barock war der gereimte, regelmäßig alternierende **trochäische Vierheber** X x X x X x X (x) ein beliebter Liedvers. Man verwendete ihn prägnant klingend in männlichen **Reimpaaren** (*Itzund kommt die Nacht herbei, / Vieh und Menschen werden frei* Opitz). Dem späten 19. Jh. haben sich durch Wilhelm Busch solche Reimpaare humoristisch eingeprägt (*Also lautet ein Beschluß: / Daß der Mensch war lernen muß.*) Das gilt auch für den paarweise gereimtem Vierheber mit weiblicher Kadenz, den man bereits in Sprüchen und Liedern des Barock findet und dann ausdrucksreich bei Goethe (*Nord und West und Süd zersplittern, / Throne bersten, Reiche zittern*). In der Rokokolyrik des 18. Jh. bildete man den (meist weiblich schließenden) trochäischen Vierheber **reimlos** als '**anakreontischen Vers**' (*Soll ich trinken oder küssen* Gleim). Heines Vorliebe für reimlose Vierheber im selben Metrum (*Täglich ging die wunderschöne / Sultanstochter auf und nieder*) geht allerdings auf das Vorbild der 'spanischen Trochäen' zurück, die Herder durch Übersetzungen aus dem Spanischen bekannt gemacht hatte. Mit der Romantik wurde der trochäische Vierheber nun als '**spanischer Romanzenvers**' eines der beliebtesten Versmaße für Lieder und Balladen, und zwar vorzugsweise in **gekreuzt gereimten** (manchmal auch nur assonierenden) Vierzeilerstrophen. Wo der Wechsel der Reime a b a b (x a x a) noch vom Wechsel der Kadenzen w m w m unterstützt wird, haben wir die häufigste Strophenform aus der Goethezeit und dem 19. Jh.: die Romanzenstrophe mit der Wiederholung der Bewegung X x X x X x X x / X x X x X x X (*Preisend mit viel schönen Reden / Ihrer Länder Wert und Zahl* Kerner). Früh wurden solche (in Verkürzung dieser Bewegung) männlich schließenden trochäischen Vierheber mit weiblichen Dreihebern verbunden: X x X x X x X / X x X x X x (*Sah ein Knab ein Röslein stehn, / Röslein auf der Heiden* Goethe).

Ein aus der altdeutschen Reimpaardichtung überkommenes Allerweltsmaß ist der **jambische Vierheber** x X x X x X x X (x). Auch in der neueren Lyrik findet man ihn vorzugsweise **paarig gereimt**, dabei häufiger männlich (*Die Mitternacht zog näher schon* Heine) als weiblich (*Die Menschheit ist dahinter kommen* Lenau). Der Vierzeiler aus zwei männlichen Reimpaaren ist die häufigste deutsche Strophenform (*Vom Himmel hoch, da komm ich her* Luther). Gern wechseln in Erzählgedichten und längeren Strophen weibliche mit männlichen Reimpaaren (*Johann der muntre Seifensieder* Hagedorn, *Ich bin der wohlbekannte Sänger* Goethe). – Werden jambische Vierheber **gekreuzt gereimt** a b a b (x a x a), dann unterstützt auch hier meist der Kadenzwechsel den Wechsel der Reime. So entsteht dann einer der beliebtesten deutschen Vierzeiler mit der Wiederkehr der Bewegung x X x X x X x X x / x X x X x X x X (*Wem Gott will rechte Gunst erweisen, / Den schickt er in die weite Welt* Eichendorff). – Beginnt die Bewegung dagegen mit dem männlichen Vierheber, so folgt gern der weibliche Dreiheber x X x X x X x X / x X x X x X x . Aus der Verdopplung dieser Bewegung – es ist die der alten 'Vagantenzeile' – ergibt sich wieder einer der beliebtesten deutschen Vierzeiler (*Bei einem Wirte wundermild, / Da war ich jüngst zu Gaste* Uhland). Männliche Vierheber und weibliche Dreiheber sind auch die Bausteine der volkstümlichen häufigsten deutschen Schweifreimstrophe a a b c c b (*Geh aus, mein Herz, und suche Freud* Gerhardt). – Ihrer Volkstümlichkeit entsprechend werden die jambischen Vierheber nicht immer streng mit einsilbigen, sondern hin und wieder auch mit zweisilbigen Senkungen gefüllt (z.B. x X x x X x X x X *Wer reitet so spät durch Nacht und Wind?* Goethe).

Ganz dem Prinzip der Füllungsfreiheit folgt der alte **Knittelvers**, der in den 1770er Jahren durch Goethe wieder in die deutsche Versdichtung eingeführt wurde. Er kann auftaktlos, mit einfachem oder mit zweisilbigem Auftakt gebildet werden. Die Senkungen können ein- oder mehrsilbig sein, auch gelegentlich ganz ausfallen (wie z.B. zu Beginn des Monologs im *Faust I*: X x x X ∧ X x x X *Habe nun ach Philosophie*). Unveränderliche Merkmale des freien Knittelverses sind nur seine Vierhebigkeit und seine Bindung zu Reimpaaren.

Regelmäßig gebaute **daktylische Vierheber, ohne Auftakt** und nur männlich schließend X x x X x x X x x X (*Eia, popeia, was raschelt* *im Stroh* Kinderreim), sind selten. Noch seltener sind sie mit nur weiblicher Kadenz X x x X x x X x x X x . Eher findet man sie zusammen im Kreuzreim, wobei die wechselnden Versschlüsse eine wiegende Bewegung ergeben: X x x X x x X x x X x / X x x X x x X x x X (*Mitten im Schimmer der spiegelnden Wellen / Gleitet wie Schwäne der wankende Kahn* F. L. v. Stolberg). - Häufiger sind die daktylischen Vierheber **mit Auftakt** x X x x X x x X x x X (x), zumal in den volkstümlichen männlichen Reimpaaren (*Es zogen drei Burschen wohl über den Rhein* Uhland, *Ihr Kinderlein, kommet, o kommet doch all* Schmid), aber auch und dann eindringlicher klingend in weiblichen Reimpaaren (*Hellglänzendes Silber, mit welchem sich gatten* Klaj, *Wir Toten, wir Toten sind größere Heere* Meyer). - Wo in der beliebten jambischen Kreuzreimstrophe aus männlichen Vierhebern und weiblichen Dreihebern (s. o.) die Freiheit zweisilbiger Senkungen voll ausgeschöpft wird, ergibt sich eine entsprechende daktylische Form mit der beschwingten Bewegung x X x x X x x X x x X / x X x x X x x X x (*Wir singen und sagen vom Grafen so gern, / Der hier in dem Schlosse gehauset* Goethe).

FÜNFHEBER

Trochäische Fünfheber klingen meist elegisch. Das Metrum findet sich zwar schon gelegentlich in der Dichtung des Barock; bekannter wurde es in der zweiten Hälfte des 18. Jh., geläufig aber erst im 19. Jh. - Da sind die Gedichte aus trochäischen Fünfhebern mit durchweg **männlicher** Kadenz X x X x X x X x X . Meist sind die Verse durch **Paarreim** verbunden. Das Zusammentreffen von zwei Hebungen beim Übergang vom betonten Schluß des vorausgehenden zum betonten Anfang des folgenden Verses erschwert den Zeilensprung und begünstigt die Teilung in eine Folge gleichlaufender Sätze: X x X x X x X x X / X x X x X x X x X (*Aus der Schiffsbank mach ich meinen Pfühl. / Endlich wird die heiße Stirne kühl.* Meyer). Dieses erst seit der Lyrik des Biedermeier und Realismus gebräuchliche, schwerklingende Versmaß eignet sich besonders für nachdenkliche Betrachtungen und zum Ausdruck gedämpfter Stimmungen. - Ähnlich und manchmal sogar monoton klingen die **weiblich** schließenden Reimpaare in ihrem schwerfälligen Gleichmaß X x X x X x X x X x / X x X x X x X x X x (*Meine eingelegten Ruder triefen, / Tropfen fallen langsam in die Tiefen.*

Meyer). Fließender wird die Bewegung der weiblich schließenden Verse in den weiteren Bögen des **Kreuzreims** a b a b (*Wer die Schönheit angeschaut mit Augen* Platen). – Folgt indessen einem **weiblich** schließenden trochäischen Fünfheber jeweils ein **männlich** endender, so ergibt sich aus solchem Wechsel eine gemessen fortschreitende Bewegung zum Ausdruck elegischer Gedanken und Empfindungen: X x X x X x X x X x / X x X x X x X x X (*Warum gabst du uns die tiefen Blicke, / Unsre Zukunft ahndungsvoll zu schaun* Goethe, *Da ihr noch die schöne Welt regieret, / An der Freude leichtem Gängelband* Schiller, *Als er Siebzig war und war gebrechlich / Drängte es den Lehrer doch nach Ruh* Brecht). Die Wiederholung dieser Versfolge im Kreuzreim a b a b setzte sich im Zeitalter der Empfindsamkeit als eine ausgesprochen lyrische Form durch. Im 20. Jh. zählte sie zu den beliebtesten Strophenformen. – Um 1775 kam die Gepflogenheit auf, trochäische Fünfheber in Nachbildung eines südslawischen Versmaßes **reimlos** zu bilden. Diese sog. '**serbischen Trochäen**' (z.B. Goethe im *Klaggesang von den edlen Frauen des Asan Aga*) fanden noch vereinzelt im 19. Jh. Verwendung (Platen, Lenau, Mörike).

Zeigen **ungereimte**, **weiblich** schließende trochäische Fünfheber nach der dritten Hebung regelmäßig eine zweisilbige Senkung X x X x X x x X x X x, so handelt es sich um '**sapphische Elfsilber**', wie sie meist bei der Nachbildung der 'sapphischen Odenstrophe' verwendet werden. (*Bogen, groß gespannt über Meer und Inseln* Weinheber). Die im Barock geschätzte deutsche Abwandlung dieses antiken Verses hat die doppelte Senkung bereits nach der ersten Hebung und besitzt eine Zäsur nach der fünften Silbe X x x X x | X x X x X x (*Lustige Sappho, laß die Saiten klingen* Plavius). – Als Choralmetrum bürgerte sich der auftaktlose, **weiblich gereimte daktylische Fünfheber** ein X x x X x x X x x X x x X x (*Lobe den Herren, den mächtigen König der Ehren* Neander).

Für den Anfänger verwirrend ist die Formtradition der **jambischen Fünfheber**. Durchweg **männlich** schließende Verse x X x X x X x X x X, anspruchslos zu **Reimpaaren** verbunden (*Im Namen dessen, der Sich selbst erschuf! / Von Ewigkeit in schaffendem Beruf* Goethe), fanden seit dem 19. Jh. zunehmend Anklang für Gelegenheitsgedichte, Sprüche, Gedanken und Bilder. Dem oft etwas monotonen Gleichklang solcher Reimpaare entgeht der betont schließende Fünfheber in der offeneren Bindung des **Kreuzreims** a b a b (x a x a). Derart geformte Vierzeiler gewannen nach englischem Vorbild im Zeitalter der Empfindsamkeit einen elegischen Klang. Für lyrische Bilder im 19. Jh. gern genutzt (*Dies ist ein Herbsttag, wie ich keinen sah* Hebbel), gehört die Kreuzreimstrophe aus männlichen gereimten jambischen Fünfhebern seit dem Expressionismus zu den bevorzugten Formen der neueren Lyrik (*Der Wintermorgen dämmert spät herauf* Heym).

Lebendiger läßt sich der jambische Fünfheber formen, wenn **männlich und weiblich** schließende Verse wechseln. Das kann paarweise geschehen (. . ww mm ww . .). Bevorzugt wird jedoch der unmittelbare Kadenzwechsel (mw oder wm). Die senkende Bewegung männlich/weiblich eignet sich besonders für lyrische Hinwendungen und den Ausdruck verhaltener Stimmungen: x X x X x X x X x X / x X x X x X x X x X x (*Komm in den totgesagten park und schau: / Der schimmer ferner lächelnder gestade* George). Vielseitiger im Ausdruck und darum häufiger ist die umgekehrte Folge weiblich/männlich mit jener Doppelsenkung in der Mitte, die die Versbewegung merklich gliedert: x X x X x X x X x X x / x X x X x X x X x X (*In tausend Formen magst du dich verstecken, / Doch, Allerliebste, gleich erkenn ich dich* Goethe). Die Wiederholung dieser Bewegung mit der Bindung im **Kreuzreim** ergibt die in der Lyrik des 20. Jh. häufigste Strophenform. Tatsächlich hat der jambische Fünfheber - bald weiblich, bald männlich gereimt - seit der Goethezeit dem alten Vierheber zunehmend Konkurrenz gemacht. In der modernen Lyrik ist er inzwischen das dominierende Metrum. - Jambische Fünfheber **ohne Reim**, sie können betont oder unbetont schließen, nennt man **Blankverse**. Nach dem Vorbild Shakespeares wurde diese sehr freie und schmiegsame Form seit Lessings *Nathan* und durch die Dramen von Goethe, Schiller, Kleist, Grillparzer und Hebbel zum klassischen deutschen Bühnenvers (*Heraus in eure Schatten, rege Wipfel / Des alten, heil'gen, dichtbelaubten Haines* Goethe *Iphigenie*). Aber nicht nur für Dramen, sondern auch für erzählende Gedichte fand der leicht zu formende Blankvers Anklang (Wieland, Schiller, Liliencron).

Eine barocke Sonderform des jambischen Fünfhebers ist der '**gemeine Vers**'. Nach dem Vorbild des in der französischen Epik und Lyrik viel verwendeten 'vers commun' bildete man seit Opitz und bis weit ins 18. Jh. hinein den **männlich oder weiblich** gereimten Fünfheber mit einer regelmäßigen Zäsur nach der zweiten Hebung:

x X x X | x X x X x X (x) . Der Einschnitt gibt dem Vers ähnlich wie dem barocken Hauptvers, dem sechshebigen Alexandriner, eine eigentümliche, hier aber unsymmetrische Zweischenkligkeit (*Du schwarze Nacht, die du die Welt umfangen* Opitz). Als diese im 18. Jh. nicht mehr dem Formwillen entsprach, überging man die Zäsur und formte den jambischen Fünfheber in der oben bezeichneten Weise ohne regelmäßige Teilung. Tatsächlich werden aber Satzgrenzen innerhalb des Fünfhebers noch immer meist nach der vierten Silbe gesetzt.

Mit der Anlehnung an italienische Formen nahmen sich Ende des 18. Jh.s deutsche Dichter auch den Hauptvers der italienischen Epik und Lyrik zum Vorbild: den 'endecasillabo', d.h. **Elfsilber**. Es ist der jambische Fünfheber, dem italienischen Klangbild entsprechend, mit durchweg **weiblichem Reim**: x X x X x X x X x X x . Wo also im Deutschen der Fünfheber ohne den geläufigen Kadenzwechsel ausnahmslos weiblich gereimt wird, zeigt dies eine Annäherung an italienische Kunstübung, weswegen der Vers auch vorzugsweise in italienischen Formen wie Terzine, Stanze und Sonett Verwendung findet (*Am Abend, wenn die Glocken läuten* Trakl).

Ein antikes Metrum bildet der jambische Fünfheber als sogenannter '**alkäischer Vers**' nach, wenn er nach der fünften Silbe eine Zäsur erhält und nach der dritten Hebung eine doppelte Senkung: x X x X x | X x x X x X . Dieser ungleich geteilte, stets mit **männlicher** Kadenz und **reimlos** geformte Vers erscheint seit Klopstock vor allem in der 'alkäischen Odenstrophe' (*Du schweigst und duldest, und sie verstehn dich nicht* Hölderlin).

SECHSHEBER

Trochäische Sechsheber, durch keine Zäsur gegliedert, haben eine schwerfällige Bewegung und eignen sich daher nur für dementsprechende Themen: X x X x X x X x X x X (x) . Männlich schließend und zu Reimpaaren verbunden drücken sie in Heyms Gedicht *Der Krieg* Härte und Gewaltsamkeit aus (*Aufgestanden ist er, welcher lange schlief*). Breit und gefühlsschwer klingen die Verse mit wechselnden Kadenzen in den Kreuzreimstrophen des Gedichts *Berauschter Abend* von Däubler (*Purpurschwere, wundervolle Abendruhe*), behaglich breit und durch die fehlenden Reime fast wie

Prosa in Liliencrons *Tee dansant* (*Jetzt zu Bett, mein liebes Ernachen; nicht länger!*).

Die deutsche Nachbildung des antiken '**asklepiadeischen Verses**' ergibt einen auftaktlosen, symmetrisch gebauten Sechsheber: X x X x x X | X x x X x X . Die erste Vershälfte besteht aus einer betont beginnenden und schließenden Folge mit einer Doppelsenkung nach der zweiten Hebung: X x X x x X (*Schön ist, Mutter Natur*). Die zweite Vershälfte nach der Zäsur bringt diese Folge in der Umkehrung, nämlich mit der Doppelsenkung schon nach der ersten Hebung: X x x X x X (*deiner Erfindung Pracht* Klopstock). Dieser lebendige und hier stets **reimlos** bleibende Vers prägt mit seiner Bewegung die deutsche Form der 'asklepiadeischen Odenstrophe'. Aber auch gereimt fand er vereinzelt Verwendung (Schiller *Die Größe der Welt*).

Ohne Auftakt beginnt auch jener Sechsheber, mit dem im Deutschen der antike **Hexameter** nachgeformt wird. Er besteht längstens aus siebzehn Silben, nämlich aus einer Folge von fünf Daktylen mit einem abschließenden Trochäus: X x x X x x X x x X x x X x x X x (*Pfingsten, das liebliche Fest, war gekommen; es grünten und blühten* Goethe *Reineke Fuchs*). Der Dichter hat die zumeist auch genutzte Freiheit, die eine und andere Senkung einsilbig zu bilden, statt Daktylen also Trochäen zu setzen. Das ist möglich nach der ersten Hebung: X x X x x X x x X x x X x x X x (*Alle hatten zu klagen, er hatte sie alle beleidigt*), nach der ersten und zweiten Hebung: X x X x X x x X x x X x x X x (*Jede Wiese sproßte von Blumen und duftenden Gründen*), nach der dritten und vierten Hebung: X x x X x x X x X x X x x X x (*Übten ein fröhliches Lied die neuermunterten Vögel*), kaum aber nach der fünften Hebung. So hat der Hexameter in der kürzesten Bildungsweise nur dreizehn Silben: X x X x X x X x X x x X x . In der Regel aber besitzt dieser Vers zwei bis vier Doppelsenkungen, die seine daktylische Bewegung wahren: X x (x) X x (x) X x (x) X x (x) X x x X x . Die wechselnde Verteilung der Doppelsenkungen ist die eine Möglichkeit, das Metrum abzuwandeln. Die unterschiedliche Verteilung von Einschnitten durch wechselnde Satzgrenzen ist die andere. Diese Schnitte liegen meist nach der dritten und vor der fünften Hebung, bei guter Versgestaltung in geschmeidiger Veränderung. So ist das Charakteristikum dieses **reimlosen** Verses eine lebendige, kraftvoll voranschreitende Bewegung. Klopstock hat das epische Metrum der

Griechen mit seinem *Messias* (1748) in die deutsche Dichtung eingeführt, doch erst mit der Homerübersetzung und den Idyllen von Voß (1781) wurde der deutsche Hexameter als Maß der Verserzählung im gehobenen Ton und mit antikem Anklang geläufig. Hinzu kam seine Verwendung in Verbindung mit dem Pentameter (s. u.) in elegischen Gedichten.

Denkt man sich im Hexameter die Senkungen nach der dritten und sechsten Senkung weg, so hat man den **Pentameter**, einen auftaktlos beginnenden und männlich schließenden Sechsheber, der durch den Zusammenstoß von zwei Hebungen in der Versmitte halbiert wird: X x (x) X x (x) X | X x x X x x X . Das daktylische Grundmaß des Hexameters ist hier noch stärker betont, insofern die doppelten Senkungen nur in der ersten Vershälfte vereinfacht werden dürfen. So umfaßt der Pentameter in seiner kürzesten und zugleich seltensten Form nur zwölf, der voll daktylische dagegen vierzehn Silben: X x x X x x X | X x x X x x X (*Wie ein bedächtiger Mann schicklich die Reise benutzt* Goethe *Römische Elegien*). Am häufigsten wird der Vers dreizehnsilbig mit trochäischem Beginn geformt: X x X x x X | X x x X x x X (*Straßen, redet ein Wort! Genius, regst du dich nicht?* ebd.). Sein Charakteristikum ist jener Zusammenstoß zweier Hebungen, der die Sprachbewegung in der Versmitte kurz stocken läßt. Diese Eigentümlichkeit steht der alleinigen Verwendung des Metrums entgegen; es gibt kaum Pentameter-Gedichte. Um so geeigneter macht sie ihn zur Verbindung mit dem Hexameter im sogenannten 'elegischen Distichon'. Die ausgreifende Bewegung des vorangehenden Hexameters wird von dem folgenden Pentameter regelmäßig zurückgeholt und eingefangen: *Im Hexameter steigt des Springquells flüssige Säule, / Im Pentameter drauf fällt sie melodisch herab.* (Schiller). Derartige Distichen stehen allein als Epigramme (Goethe u. Schiller *Zahme Xenien*) oder sind die Bausteine von Elegien (Goethe, Schiller, Hölderlin, Mörike, Weinheber).

Der jambische Sechsheber ohne Reim und mit durchweg **männlicher** Kadenz ist eine Nachbildung des Hauptverses antiker Dramen, des **jambischen Trimeters**: x X x X x X x X x X x X . Im Ton gehobener Rede wächst er (um ein oder zwei Silben länger als dieser) über den geläufigen Blankvers hinaus. So verwendeten ihn Schiller in der *Jungfrau von Orleans* (II, 6 - 8) und in der *Braut von Messina* (IV, 8), Goethe im Festspiel *Pandora* und im *Faust II* (III;

IV), Platen ganz in seinen Lustspielen *Die verhängnisvolle Gabel* und *Der romantische Ödipus*. Als durchgängiger Dramenvers, so urteilte Goethe, *ist er für uns Deutsche zu lang, wir sind wegen der fehlenden Beiwörter schon mit fünf Füßen fertig*. Um so willkommener war der jambische Trimeter wegen seiner Länge zuweilen als lyrischer Vers, beschaulich etwa bei Mörike (*Auf eine Lampe, Göttliche Reminiszenz, Erbauliche Betrachtung*). Zwar gibt die männliche Kadenz dem Vers eine deutliche Begrenzung, doch die Länge seines Gleichmaßes bleibt das Problem des jambisches Trimeters. Nach griechischer Metrik bestand er aus drei jambischen Dipodien (Doppelfüßen). Die deutsche Nachbildung kennt diese Teilung nicht, und so kommt es sehr auf eine lebendige Gliederung der langen Zeile an. Am häufigsten findet man einen Schnitt (den Vers unsymmetrisch in 5 + 7 Silben teilend) vor der dritten Hebung, wodurch der zweite Versteil betont einsetzt und das Metrum eine unserem Ohr besonders zusagende Gliederung erhält: x X x X x | X x X x X x X (*wo woll ich hinfliehn? Feinde ringsumher und Tod* Schiller, *Der Fackel Flamme, morgendlich dem Stern voran* Goethe). Belebend wirken, sparsam eingefügt, zweisilbige Senkungen (*Verlasset nun des Gesanges freudumgebnen Pfad* Goethe).

Eine historisierende Schöpfung der Romantik ist der '**neue Nibelungenvers**'. Zwei dreitaktige Kurzverse (x X x X x X x und x X x X x X) sind so zu einem jambischen Sechsheber zusammengezogen, daß an ihrer Verbindungsstelle durch das Zusammentreffen von zwei unbetonten Silben der alternierende Gang gebremst wird und so die Langzeile eine deutliche Mittelzäsur erhält: x X x X x X x | x X x X x X (*Es stand in alten Zeiten ein Schloß so hoch und hehr* Uhland). Aus zwei Reimpaaren dieses Metrums (a a b b), in der Erinnerung an das mittelhochdeutsche Heldenlied und dessen Strophenform simplifizierend, bildete man im 19. Jh. vor allem für Balladen die 'neue Nibelungenstrophe'.

Beliebtestes Versmaß des Barock und noch weit ins 18. Jh. hinein geläufig war der **Alexandriner**, ein aus der französischen Renaissancedichtung übernommener jambischer Sechsheber, sowohl **männlich** wie **weiblich gereimt**, mit einer **Zäsur** nach der dritten Hebung: x X x X x X | x X x X x X (x) . Dieser den Vers halbierende Schnitt ist das Kennzeichen der etwas schwerfälligen Langzeile. Er bewirkt, wie Schiller feststellte, jene *zweischenklige*

Natur des Alexandriners, die alle *Bewegungen des Gemüts und der Gedanken* leitet und *unter die Regel des Gegensatzes* stellt. Zwischen Anvers und Abvers entsteht in der Versbewegung eine kurze Pause: *Der schnelle Tag ist hin, die Nacht schwingt ihre Fahn* (Gryphius). Ein geschickter Vers- und Satzbau wird zumal in längeren Gedichten die Mittelzäsur dann und wann übergehen und die syntaktischen Grenzen hier und da anders setzen, um der Monotonie zu entgehen. Doch das Grundprinzip dieses barocken Metrums bleibt nun einmal jene 'Zweischenkligkeit', wodurch sie die Versaussage aufteilt in Satz und Gegensatz, Behauptung und Begründung, Frage und Antwort oder Bild und Gedanke. Gebunden werden Alexandriner mit Vorliebe im **Paarreim**, sei es alleinstehend als Epigramm, sei es in der Reimpaarfolge im Gedicht oder Drama. Als 'heroischen Alexandriner' bezeichnet man den Vierzeiler aus weiblichem und männlichem Reimpaar (w w m m). Alternierende Folgen von weiblichen und männlichen Kadenzen, wie man sie auch beim Alexandriner schätzt, ermöglichen die Reime des Sonetts und der Kreuzreim a b a b . Vorrangig erscheint dabei der mit weiblichem Reim beginnende (w m w m) sogenannte 'elegische Alexandriner'.

Jambische Sechsheber (im Gegensatz zum jambischen Trimeter) **mit Reim** und (im Gegensatz zum Alexandriner) **ohne Mittelzäsur**, sowohl männlich wie weiblich schließend, spielen angesichts jener beiden Hauptmetren nur eine untergeordnete Rolle. Häufiger verwendeten nur Rückert in seiner *Weisheit des Brahmanen* und zuletzt Spitteler dieses wenig charakteristische Metrum (*Am Abend wird man klug für den vergangenen Tag, / Doch niemals klug genug für den, der kommen mag* Rückert).

Ersetzt man in einem männlich schließenden jambischen Sechsheber den letzten Jambus durch einen Trochäus oder läßt man, was auf dasselbe hinauskommt, in einem weiblich schließenden Sechsheber die vorletzte Senkung aus, so entsteht ein alternierendes Metrum mit einem eigentümlichen Umschlag der Bewegung am Versende: der sogenannte '**Hinkejambus**' (Choliambus), ein vereinzelt für komische Effekte genutztes, reimloses Vesmaß (*Ein Liebchen hatt ich, das auf einem Aug' schielte; / Weil sie mir schön schien, schien ihr Schielen auch Schönheit* Rückert).

SIEBENHEBER

Jambische Siebenheber mit einer Zäsur nach der vierten Hebung, sogenannte 'jambische Septenare', kamen im Barock auf. Man verwendete sie entweder in Reimpaaren für Epigramme (*Ein Mühlstein und ein Menschenherz wird stets herum getrieben* Logau) oder in Vierzeilerstrophen a a b b (z.B. Zesen für Liedeinlagen im Roman *Adriatische Rosemund*). Der Bau dieses Verses ist vergleichbar dem des zweischenkligen Alexandriners, doch gibt die Asymmetrie der Teilung dem Septenar mit seinem längeren Anvers eine andere Bewegung: kein gleichgemessenes, gewichtiges Auf und Ab, sondern ein längeres Hinauf und kürzeres Herab. So findet man den gemächlichen Vers seit der Romantik wieder in Balladen, Bildern und Betrachtungen.

ACHTHEBER

Verse mit acht Hebungen sind im Deutschen bereits überlang. Zumal bei einer Mittelzäsur zerfallen sie für unser Gehör in zwei kurze Vierheber. Vorbild des **trochäischen Achthebers** mit einer Zäsur nach der achten Silbe X x X x X x X x | X x X x X x X x (x) ist der 'trochäische Oktonar' (griech. 'Tetrameter') des antiken Dramas. Schon im 17. Jahrhundert begann man den Vers im Deutschen paarig gereimt nachzubilden, wobei die feste Zäsur dem gewichtigen Metrum (wie beim Alexandriner) eine zur Antithetik neigende Zweischenkligkeit gab und es zumal für barocke Epigramme (Logau, Gryphius) geeignet machte. Das frühe 19. Jh. erneuerte den Gebrauch des Metrums in Reimpaaren, nun aber vor allem für Balladen (*Nächtlich am Busento lispeln bei Cosenza dumpfe Lieder* Platen) und elegische Stimmungsbilder.

Als Schwestervers zum trochäischen geht der **jambische Achtheber** auf den 'jambischen Oktonar' zurück. Im Deutschen wurde daraus ein zumeist männlich gereimter Langvers mit fester Hebung nach der achten Silbe: x X x X x X x X | x X x X x X x X . Er fand Verwendung in der barocken Sonettdichtung (Gryphius), in den Naturbildern der Aufklärung (Brockes), zuweilen im klassischen Drama (Schiller) und noch in Balladen des 19. Jahrhunderts (*Schon war gesunken in den Staub der Sassaniden alter Thron* Platen).

SACHREGISTER

Ablaut 76
Abstrakta 44
Abtönung 76
Abwandlung als Kompositionsprinzip 110
Adjektiv, substantiviertes 46
- unflektiertes 50, 59f.
adonischer Vers 114
Adverb, temporal 97f.
Akkumulation 45, 64f.
Aktionsarten der Verben 43, 97
Alexandriner 31, 70, 120, 123f.,125
alkäische Odenstrophe 120
alkäischer Vers 120
Allegorie 81
Alliteration 77f., 112
Alternation 28
Anadiplose 68
Anakoluth 62
anakreontischer Vers 115
Anapher 67f., 112
Anfangskehrreim 36
Anfangsreim 74
Anrufung 51, 57, 89
Ansprache 17f., 87f., 106
Antiklimax 65
Antistrophe 109
Antithese 69f., 99, 107, 125
Aposiopese 64
Apostrophe 60, 89

Archaismus 41f., 59
Artikel 26, 46f., 60, 63
asklepiadeische Odenstrophe 121
asklepiadeischer Vers 59, 121
Assonanz 34, 73, 75f., 78, 112, 115
Assonanzreim 30, 34, 73
Asyndeton 65
Attribut, nachgestelltes 59f.
Attribuierung, stereotype 48
Aufbau 37, 56, 98f., 105-110, 112
- organischer 108
- peripathetischer 108
- tektonischer 108
- zyklischer 108
Aufforderung 18, 55, 58, 63, 86f., 90f.
Auftakt 26f., 31-33, 114-117, 121
Ausdrucksdämpfung 49
Ausdrucksstelle 58, 62
Ausfall des unpersönlichen Subjekts 63
Ausruf 51, 55f., 63, 65, 85f.
Aussprache 14, 16f., 87, 106

Ballade 13, 21,36, 41, 54, 58f., 60, 67, 86f., 92, 95-97, 100f., 104f., 115, 123, 125
Beiwort, schmückendes 48

Betrachtungsrichtung 102f.
Bildbereich 81
Bildbruch 82
Bildlichkeit 51, 61, 80-83, 111f.
Binnenkehrreim 36
Binnenreim 74
Bitte 18, 55f., 66, 99, 108
Blankvers 119, 122

Charakteristik 14, 86
Chiasmus 70
Chiffre, lyrische 64, 83
Choliambus 124
Chorlied 19

daktylisches Versmaß 29, 31f., 49, 114-118, 121f.
Datierung 21, 95f., 100
didaktisches Du 90
Diminutivum 44, 46
Dinggedicht 14, 86, 89, 100
direkte Rede 92, 106
Dislokation 61
Distichon 31, 122
Dreireim 34
Druckbild 36, 105f.

Einblendungstechnik 110
Eindrucksstelle im Satz 59
Einwortsatz 63
Elativ 49
Elegie 16, 22, 103, 122
elegischer Alexandriner 124
elegisches Distichon 122
Elfsilber 118, 120
Elision 77
Ellipse 63f.
Endecasillabo 120

Endkehrreim 36
Endreim 30, 68, 71, 74f.
Enjambement 53f.
Entlehnung aus anderem Text 42
Entstehungsgeschichte des Gedichts 16, 20-23, 38, 61, 88, 96, 111, 113
Entstehungszeit 21, 41f., 74, 95f.
Epanalepse 66
Epigramm 122, 124f.
epigrammatischer Schluß 109
Epipher 68
Epitheton ornans 48
Epode 109
Erlebnislyrik 22
Erzähllied 108
erzählte Zeit 97
Evokation 39, 83
Exempel 107

Fabel 19
Fassung 23
Figura etymologica 69
Flexionsendung, fehlende 59f.
Frage 55f., 58, 62, 85f., 90
Fragmentation 61
freie Rhythmen 31, 33
freier Vers 28, 31, 33
Füllungsfreiheit 33, 110

Gebet 17f., 88
Gedankenlyrik 101
Geleit 109
Gemeindelied 91 (s. auch Kirchenlied)
gemeiner Vers 119
Gemeinschaftslied 86

Genitivattribut, vorangestellt 60
Genitivmetapher 83
Genitivverdopplung 66, 68
geselliges Lied 91
Ghasele 68
Gitterbildung 81
Glätte, klangliche 78, 111
Gleichklang 71f., 75f.
Gliederung 29, 36f., 98, 105-108, 113
Glosse 109
Gradation 49

Halbreim 73, 75
Haufenreim 34
Härte, klangliche 73, 77f., 111
Hebung 24-31, 33, 36, 72, 75, 114, 117-123, 125
- beschwerte 28
Hebungszahl 28, 31, 33, 35
heroischer Alexandriner 124
Hexameter 74, 121f.
Hiatus 77f.
Hinkejambus 124
Hymne 22, 63, 86, 88, 91, 96, 103
Hyperbaton 60
Hyperbolik 49
Hypotaxe 56f.

Ich, lyrisches s. lyrisches Ich
Ich-Lyrik 86
Intentionalität 51, 87
Interjektion 51f., 55, 85
Inversion 57, 59, 68
Isokolon 70

jambischer Oktonar 125
jambischer Septenar 125
jambischer Trimeter 122-124
jambisches Versmaß 26-28, 31-33, 35, 114, 116-120, 122-125

Kadenz 29-31, 35f., 71, 114-117, 119f., 122-124
- klingende 30
Kadenzfolge 36
Kadenzwechsel 30, 114, 116, 119f.
Katachrese 82
Kehrreim 36, 105
Kirchenlied 42, 68, 91, 108 (s. auch Gemeindelied)
Klang 26, 30, 34, 40f., 50, 61, 69, 71f., 74-78, 93, 107, 112
Klanggegensatz 76
Klangmalerei 51, 78f.
Klangstruktur 71, 76
Klimax 65, 68
Knittelvers 33, 116
Komparativ 49f.
Konkreta 44f.
Kontamination 39
Kontrafaktur 42, 110
Körner 36
Kreuzreim 34f., 117-120, 124

Lautmalerei 78 (s. auch Klangmalerei)
Lautsymbolik 76
Lehrgedicht 90, 101
Leitbegriff, weltanschaulicher 44
Lokaladverb 101
Lokalisierung 100
lyrische Chiffre 64, 83
lyrisches Ich 14f., 17, 19, 22, 55, 85-87, 90, 96, 102, 111

Metapher 80f., 83
- absolute 83
- dynamische 82
- nautische 104
- statische 82
Metonymie 82
Montage 110

Nachfeld des Satzes 59
Nibelungenstrophe, neue 123
Nibelungenvers, neuer 123
Nominalisierung 45f.
Nominalsetzung, verblose 64.
Nominalstil 49
Notation 25

Ode 22, 57, 87f., 109
Odenstrophe 31, 118, 120
Oktonar 125
Onomatopoesie 78 (s. auch Klangmalerei)
Oxymoron 82

Paarreim 34, 117, 124
Palindrom 68
Parabel 19, 41
parabolische Erzählung 86
Parallelismus, syntaktischer 67, 70
Parataxe 56
Partizip 47, 49f.
Pentameter 74, 122
Perfektpartizip 50
Permutation 110
Personifikation 82, 88
Perspektive 84, 87, 92, 106f., 111f.
pindarische Ode 109
poetisches Pedal 40
Polyptoton 68

Polysyndeton 65
Präposition 26, 97, 101
Präsenspartizip 50
Prolepse 62

Quartett 109

Raum 100f., 112
Raumergänzung 58, 62
Räumlichkeit 101 (s. auch Situierung, räumliche; Wechsel, räumlicher)
Reflexion 44, 101, 103, 107
Refrain 36, 105
Reihung 69, 108
Reim 30f., 33-35, 39, 71f., 74f., 112, 115f., 120, 124
- abgegriffener 74
- doppelter 72
- gespaltener 72
- gleitender 72
- identischer 68, 72
- männlicher 71
- reiner 72f.
- rührender 30, 72
- umarmender 35
- unreiner 72f., 75
- unterbrochener 34
- verschränkter 35
vokalischer Halb- 73, 75
- weiblicher 71f., 120, 124
Reimlosigkeit 74, 119, 122
Reimordnung / Reimschema 30, 34-36, 109
Reimpaar 34f., 74, 109, 115f., 118, 120, 123-125
rhetorische Frage 55
Rhythmus / rhythmisch 33, 54, 67, 107
Rollengedicht 19, 39, 84

Rollenrede 92
Romanze 13
Romanzenstrophe 115
Rondeau 109
Rondel 72

sapphische Odenstrophe 118
sapphischer Elfsilber 118
Satzbau 24, 27, 29, 53, 56f., 60f., 69, 107, 111f., 124
Satzgefüge 56, 109
Satzglied, nachgetragenes 58f.
Satzkonstruktion, Bruch in der 62
Schemata der Teilung 107
Schlagreim 75
Schweifreim 35
Schweifreimstrophe 116
Selbstanrede 17, 46, 89
Selbstaussprache 85
Senkung 24-26, 28-33, 72, 114, 116-124
Senkungsfreiheit 32
Septenar 125
serbische Trochäen 118
serielle Lyrik 110
Sestine 109
Shakespeare-Sonett 109
Situierung, räumliche 15, 89, 100f.
 - zeitliche 15, 94
Sonett 35, 44, 87f., 96, 109, 120, 124f.
spanischer Romanzenvers 115
Sprechrichtung 17, 20, 92
 Wechsel in der - 109
Stabreimdichtung 77
Stanze 120
Stanzenreim 35

Steigerung 49, 65, 69, 82
Stollen 107
Strophe 27, 30, 34-37, 54, 105, 108f., 116
Strophenenjambement 54, 105
Strophenform 36, 115f., 118f., 123
Subjekt, unpersönliches 58, 63
Substantivierung 46
Substantivkompositum 45
Suffixe -chen / -lein 46
Synästhesie 82
Synekdoche 82
Synkope 40

Tempora der Verbformen 97f., 106
Temporaladverb 97f.
Terzett 109
Terzine 35, 120
Terzinenreim 35
Tetrameter 125
Tonbeugung 33
Trimeter 122-124
trochäischer Oktonar 125
trochäisches Versmaß 26-28, 31, 33, 73, 114f., 117f., 120, 122, 125

Überschrift 13, 21, 90
Übertreibung 49

Vagantenzeile 116
Verbalellipse 63
Verbum, Aktionsarten 43, 97
 - der räumlichen Bewegung 101
 - Stellung 57f., 60

- Spitzenstellung 58, 63
- substantiviertes 46
Tätigkeits- 43
- Tempora 97f., 106
Vorgangs- 43
Zustands- 43
Vergleich 80, 102
vers commun 119
Versakzent 24f.
Versbeginn / Verseingang 26, 31, 36
Versbrechung 53
Versfüllung 31, 36
Verslänge 28, 31, 33, 53
Versschluß 29, 31, 114 (s. auch Kadenz)
Versteilung 29, 31 (s. auch Zäsur)
Versus rapportati 65f.
Vokalviereck 76
Volksballade 59
Volkslied 18-20, 36, 50, 58f., 62f., 77, 114
Vorfeld des Satzes 58

Waise 34f.
Wechsel der Darstellungsweise 105, 107
Wechsel in der Sprechrichtung 109
Wechsel, räumlicher 103, 106
- zeitlicher 99, 106
Wechselsatz 65f.
Weglassung von Satzteilen 63
Widmungsgedicht 17, 20
Wiederholung von Worten, Wortgruppen und Teilsätzen 66f., 105
- der vorangegangenen Versschlüsse 109
Wirkungsgeschichte 113
Wortakzent 24f., 33
Wortassoziation 81
Worthäufung 45, 64f.
Wortschatz 14, 38, 93, 112
Wortverkürzung 69
Wortwahl 24, 38-40, 61, 71, 111f.

Zäsur 29, 31, 70, 118-121, 123-125
Zeit 89, 94-97, 112 (s. auch Situierung, zeitliche; Wechsel, zeitlicher)
Zeitlosigkeit 97, 101
Zeitstufen 98f., 106
Zitat 42, 110
Zweischenkligkeit des Alexandriners 70, 120, 123-125
- des jambischen Septenars 125

Literaturwissenschaft im Grundstudium

Werner Faulstich / Hans-Werner Ludwig
Arbeitstechniken
für Studenten der Literaturwissenschaft

LG Sonderband
3., überarbeitete u. erweiterte Auflage, 1987
115 Seiten, DM 12,80   ISBN 3-87808-330-0

Hans-Werner Ludwig
Arbeitsbuch Lyrikanalyse

LG 3, 3.Auflage, 1990
272 Seiten, DM 24,80   ISBN 3-87808-923-6

Hans-Werner Ludwig (Hrsg.)
Arbeitsbuch Romananalyse

LG 12, 2., unveränderte Auflage, 1989
260 Seiten, DM 24,80   ISBN 3-87808-932-5

Hans-Werner Ludwig
EDV für Literaturwissenschaftler
Arbeits- und Programmiertechniken für den PC

LG 16, 1991
254 Seiten, DM 29,80   ISBN 3-87808-769-1
Begleitdiskette 3 1/2" und 5 1/4" separat über den Verlag erhältlich

---

Gunter Narr Verlag

Postfach 25 67
7400 Tübingen
Fax: 0 70 71 / 7 52 88

Christine Cosentino
"Ein Spiegel mit mir darin"
Sarah Kirschs Lyrik

1990, 181 Seiten, DM 48,–
ISBN 3-7720-1827-0

"Ein Spiegel mit mir darin" – heißt es in Sarah Kirschs Reisebüchlein *La Pagerie*, und so könnte auch das Motto für Kirschs lyrisches Œuvre lauten, das weitgehend autobiographisch ist. In einer Vielfalt doppelbödiger Liebes-, Natur-, Polit- und Ökogedichte kann man den Lebensweg der Dichterin nachvollziehen, ihren künstlerischen Werdegang in der DDR bis zu ihrer Übersiedlung in die Bundesrepublik im Kielwasser der Ereignisse um WolfBiermann.

Der Band bietet eine detaillierte Untersuchung von Sarah Kirschs Lyrikbänden aus Ost und West, von Themen und Motiven aus deutsch-deutschem Erlebnisbereich. Mosaikartig entsteht im Spiegel der Metaphorik das Bild einer Dichterin, die zur bedeutendsten Stimme zeitgenössischer deutschsprachigen Lyrik geworden ist.

Francke Verlag · PF 25 60 · 7400 Tübingen · Fax: 0 70 71 / 7 5 288

Erika Fischer-Lichte
Geschichte des Dramas
Epochen der Identität auf dem Theater von der Antike bis zur Gegenwart

Band 1:
Von der Antike bis zur deutschen Klassik
UTB 1565
1990, 371 Seiten, zahlr. Abb.
DM 34,80
ISBN 3-7720-1759-2

Band 2:
Von der Romantik bis zur Gegenwart
UTB 1566
1990, 306 Seiten, zahlr. Abb.
DM 34,80
ISBN 3-7720-1760-6

"Eine Arbeit, die wiederum durch ihren Umgang mit umfangreichem und disparatem Material und die Gabe der Synthese besticht. (...) Besonders eindrücklich ist, wie es Fischer-Lichte gelingt, durch beide Bände hindurch eine einheitliche Perspektive zu wahren: Sie konstruiert die Geschichte des europäischen Dramas als Geschichte der Identität, einer Identität, die sich zu verschiedenen Zeiten auf verschiedene Weise definiert, die zu Beginn sich herausbildet und sich im 20. Jahrhundert wieder zu verlieren scheint."

Mimos

Francke Verlag · PF 25 60 · 7400 Tübingen · Fax: 0 70 71 / 7 52 88